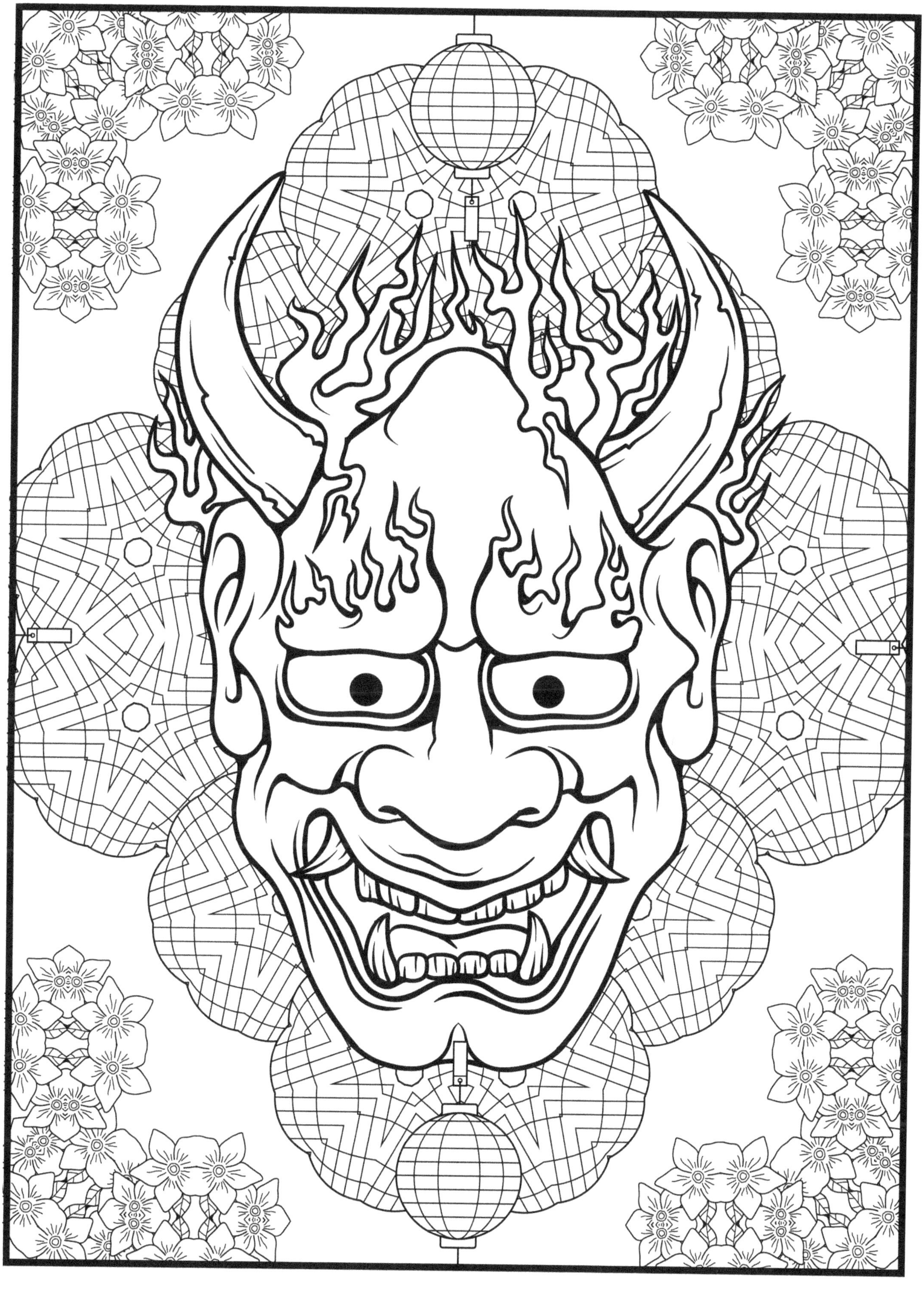

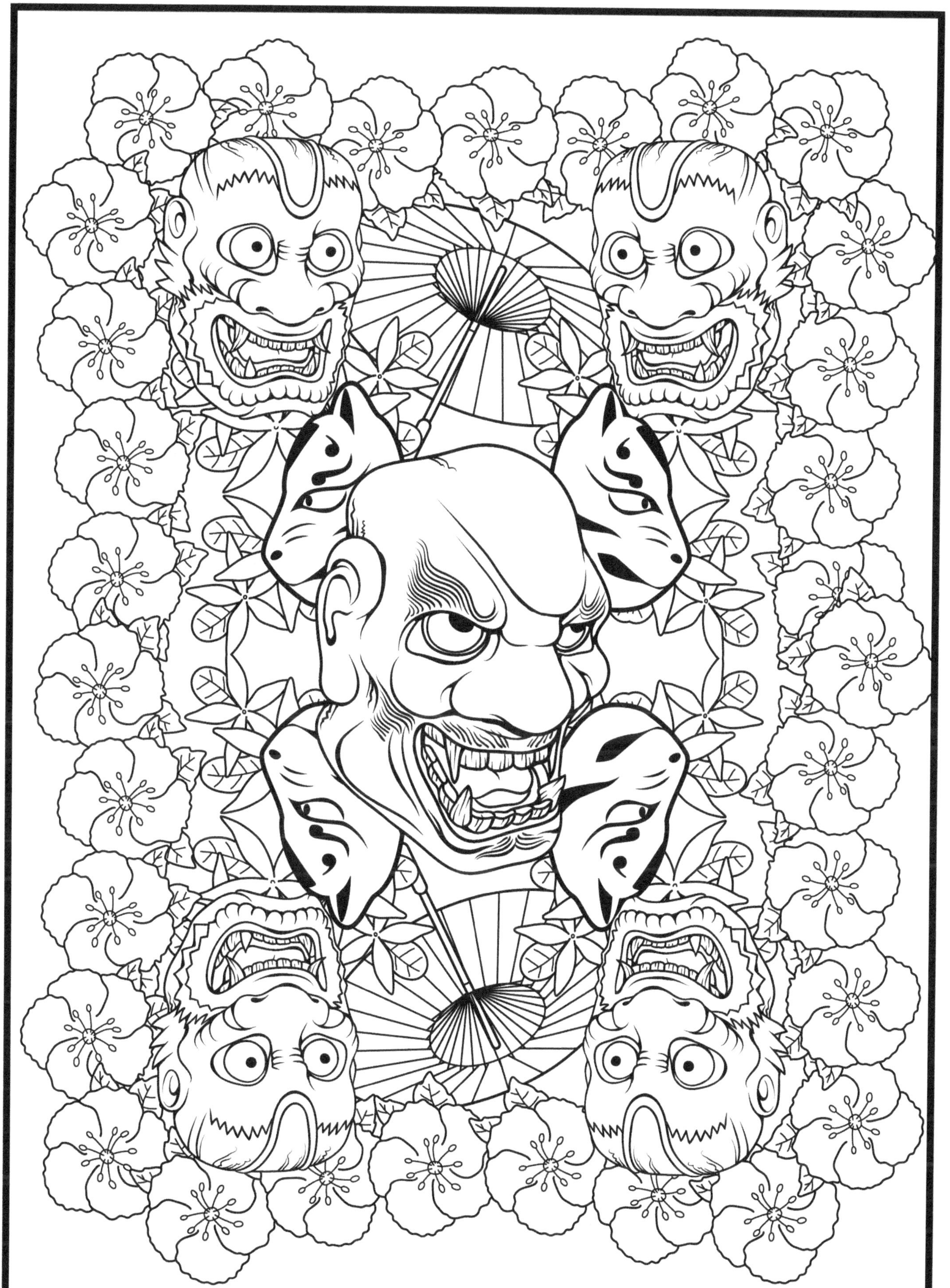

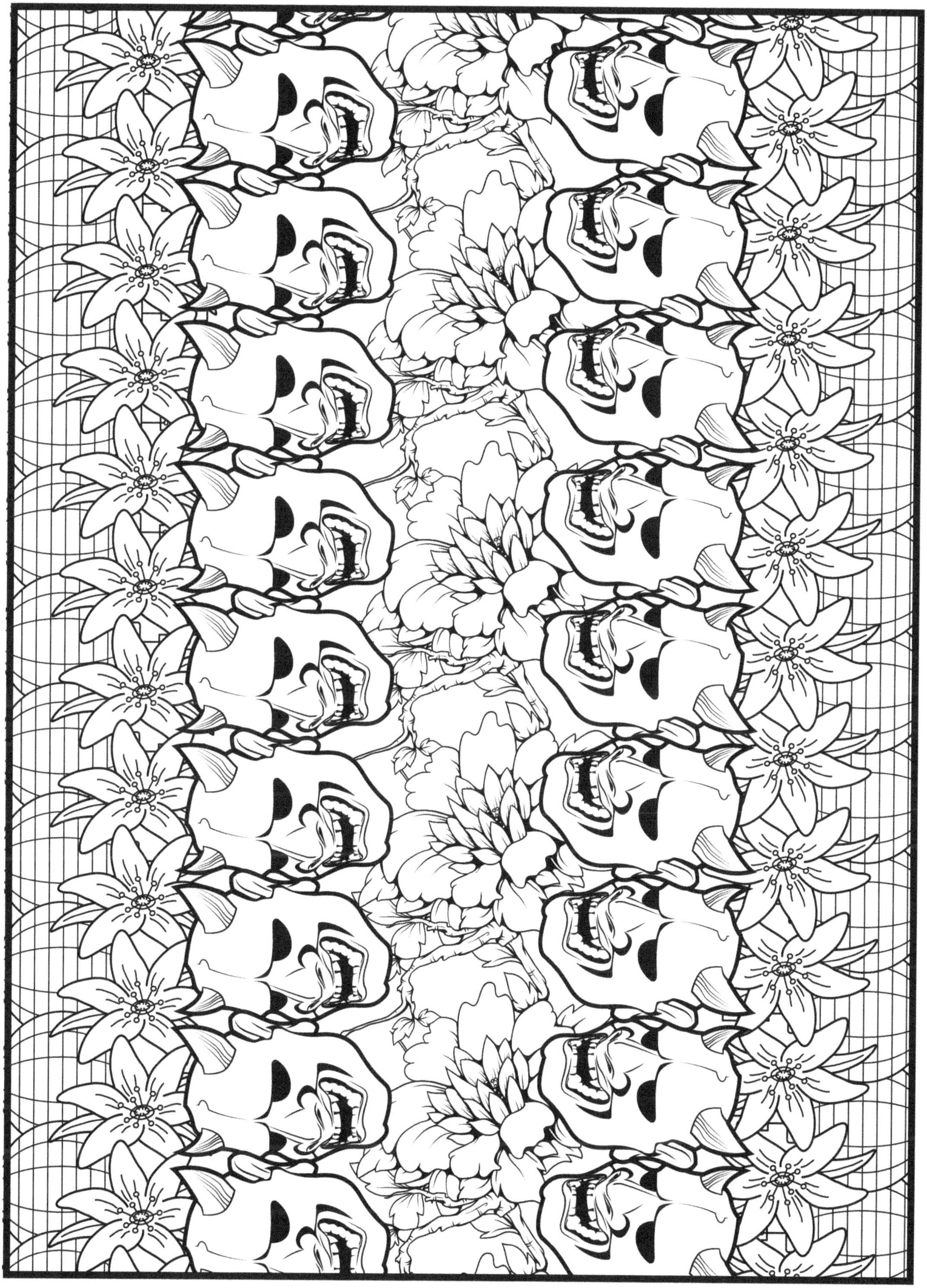

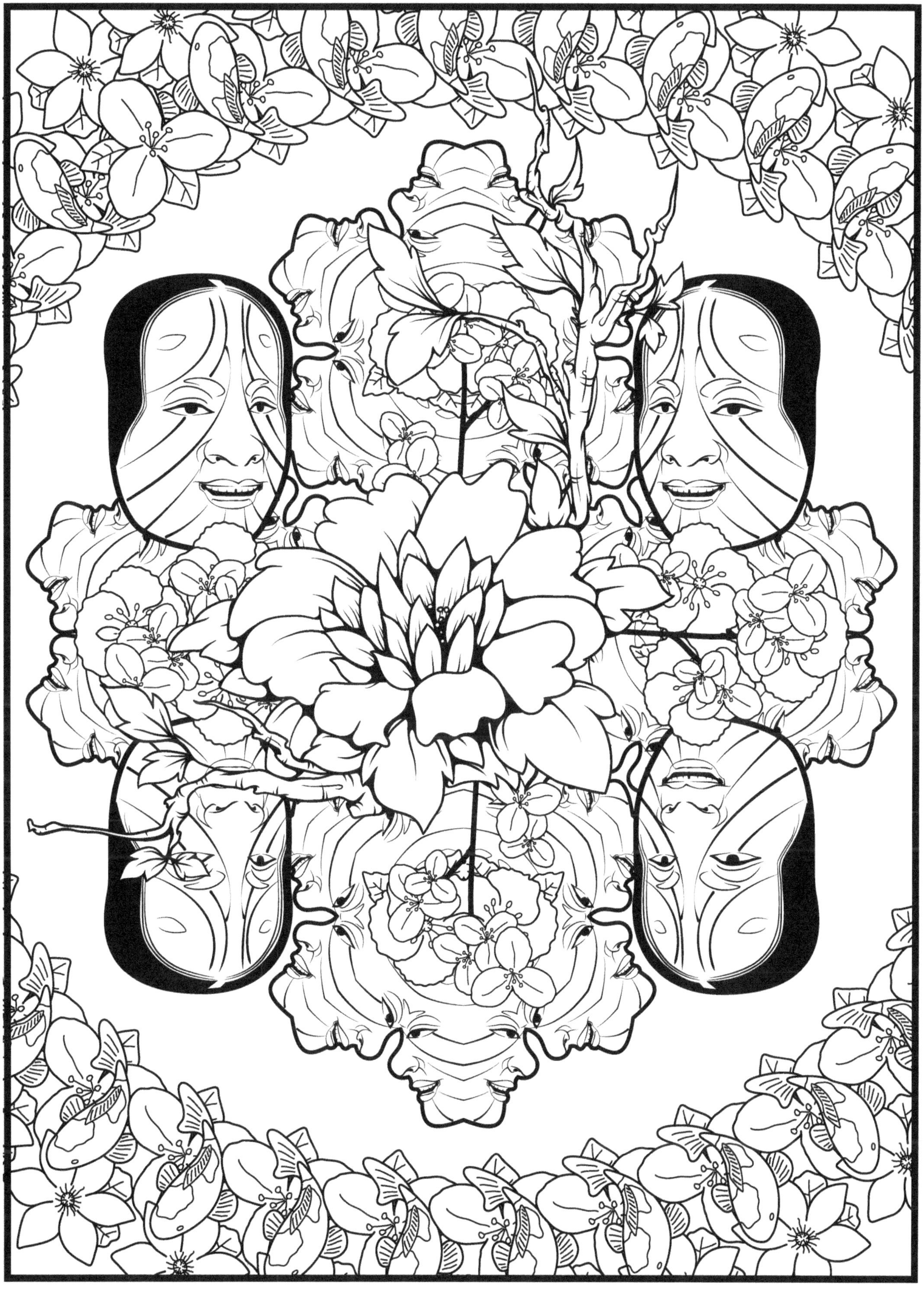

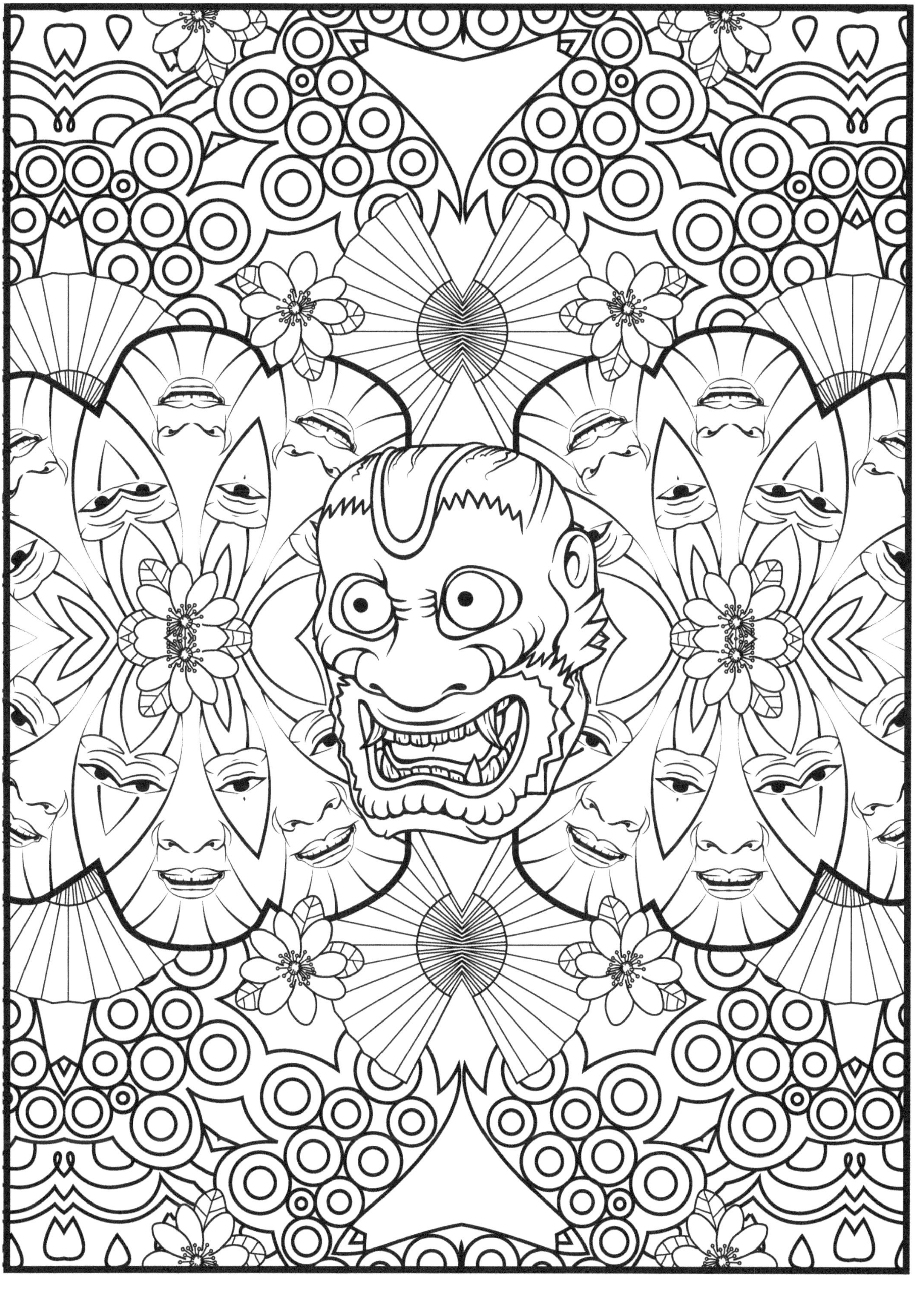

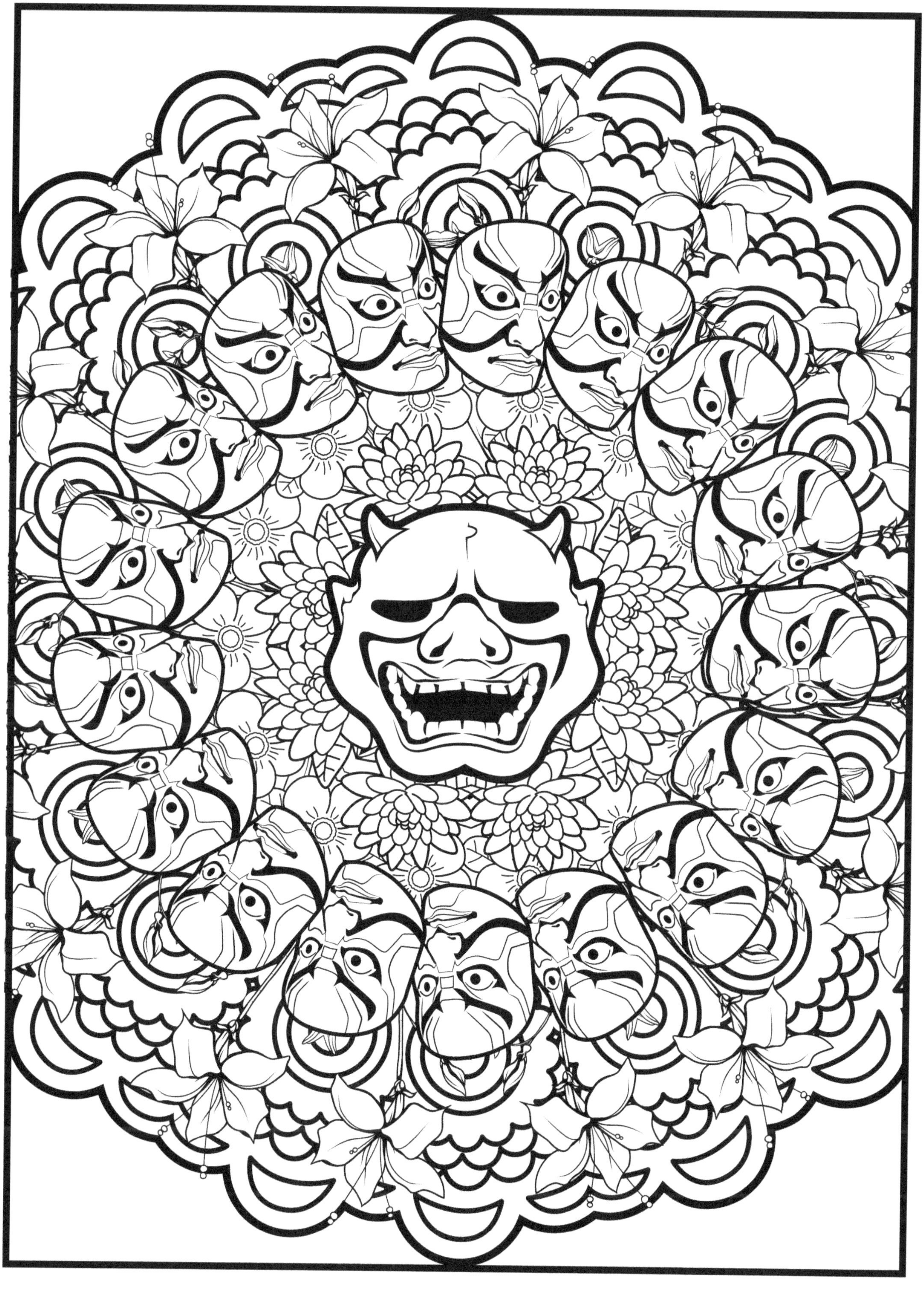

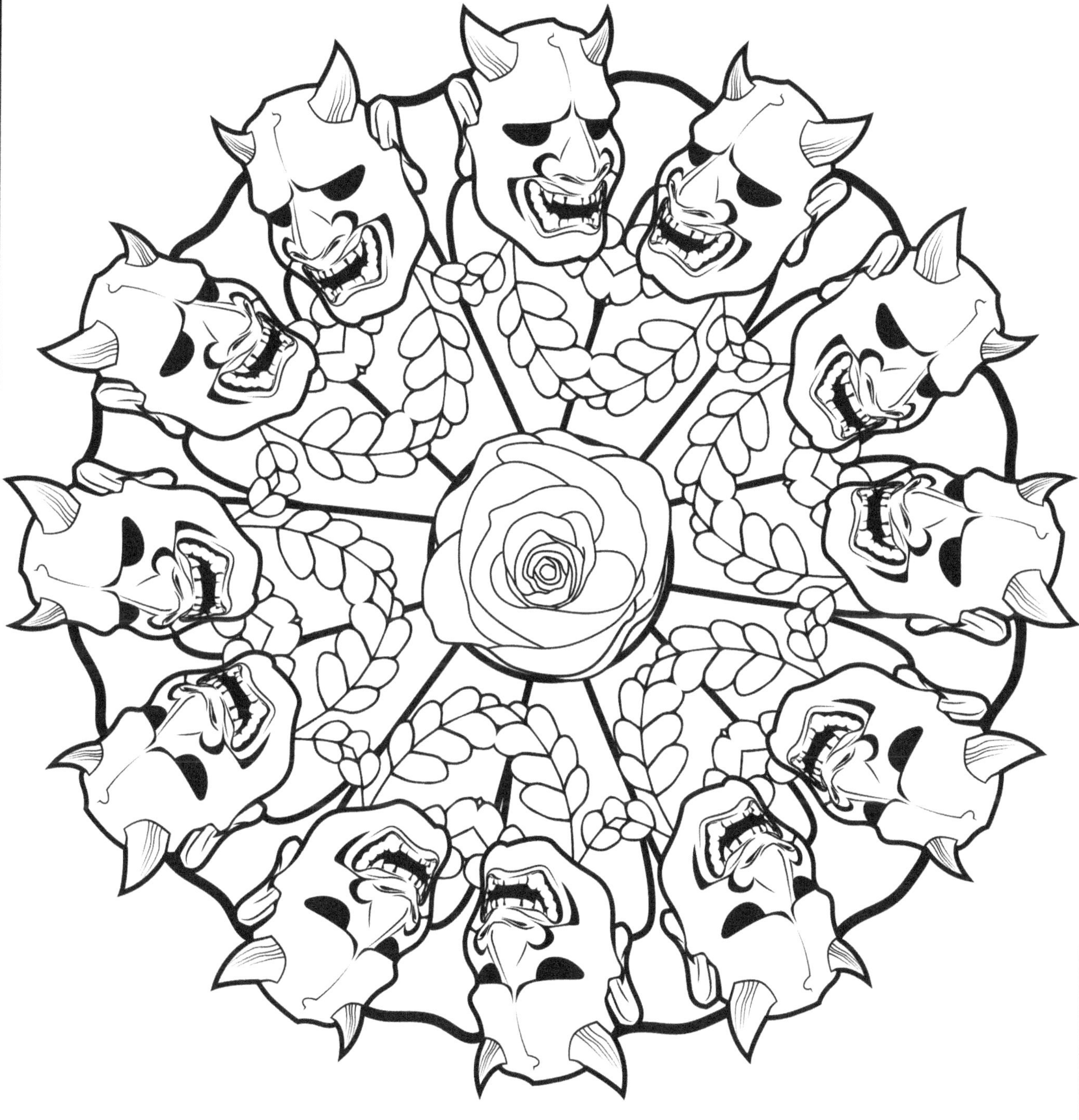

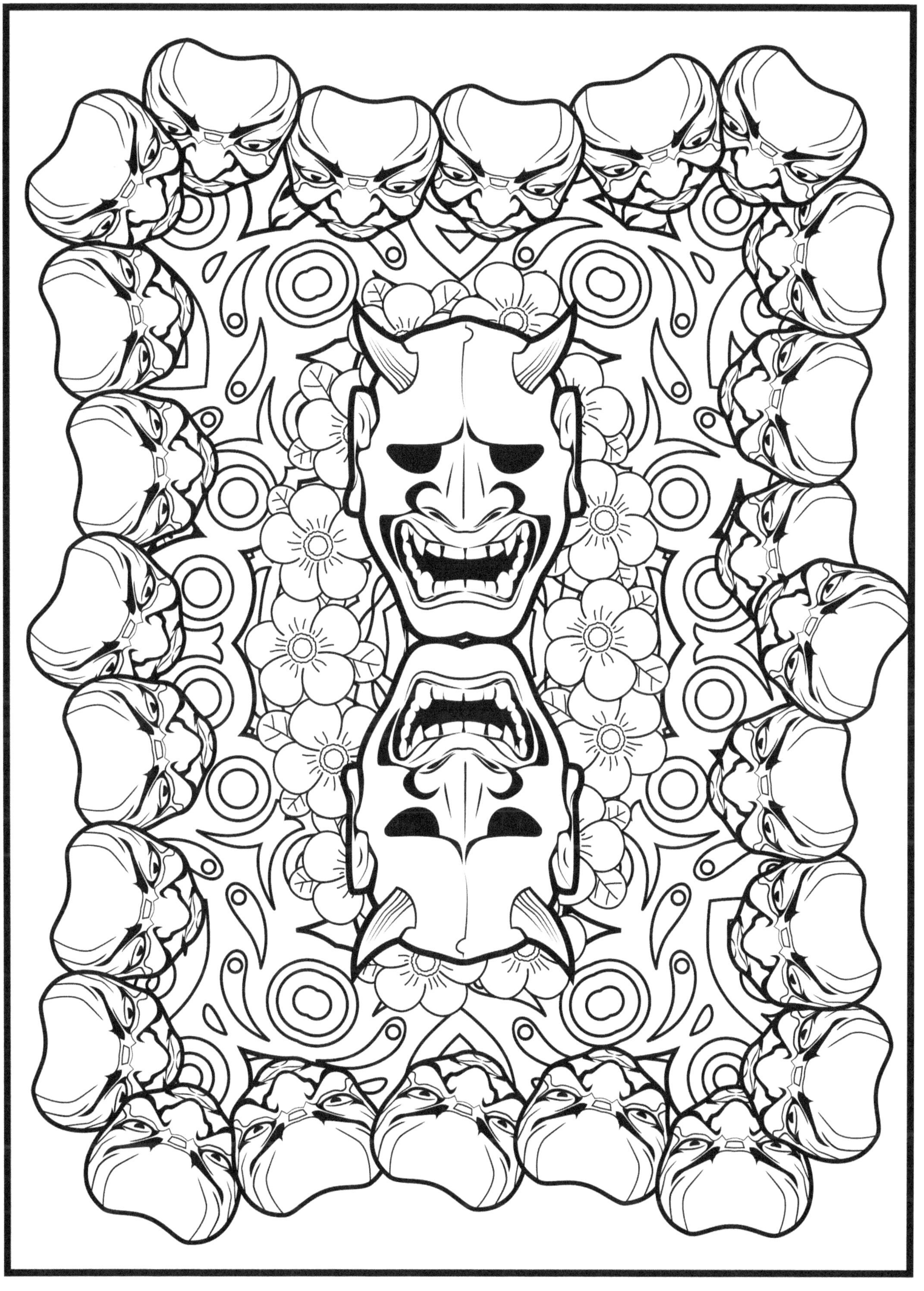

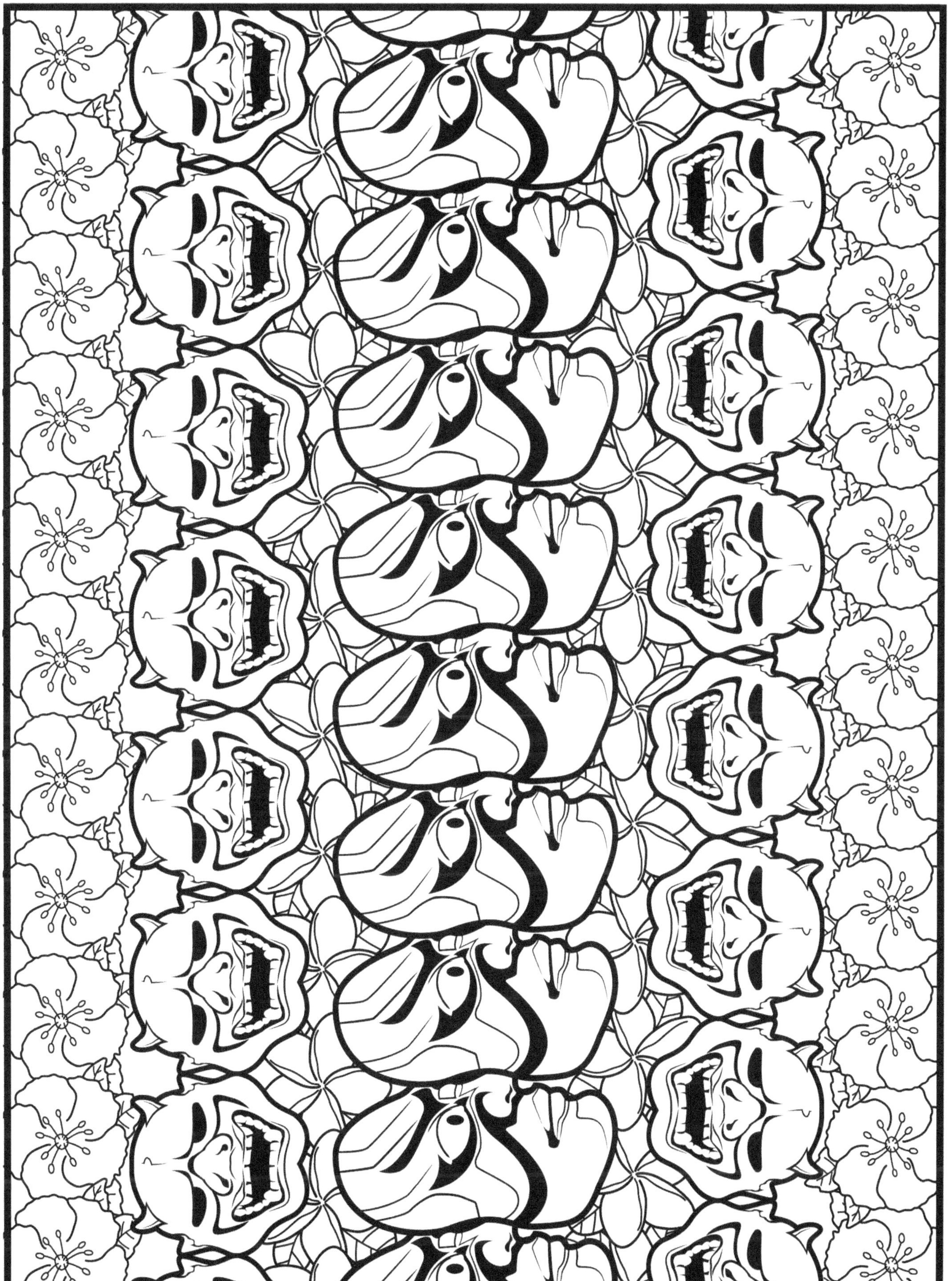

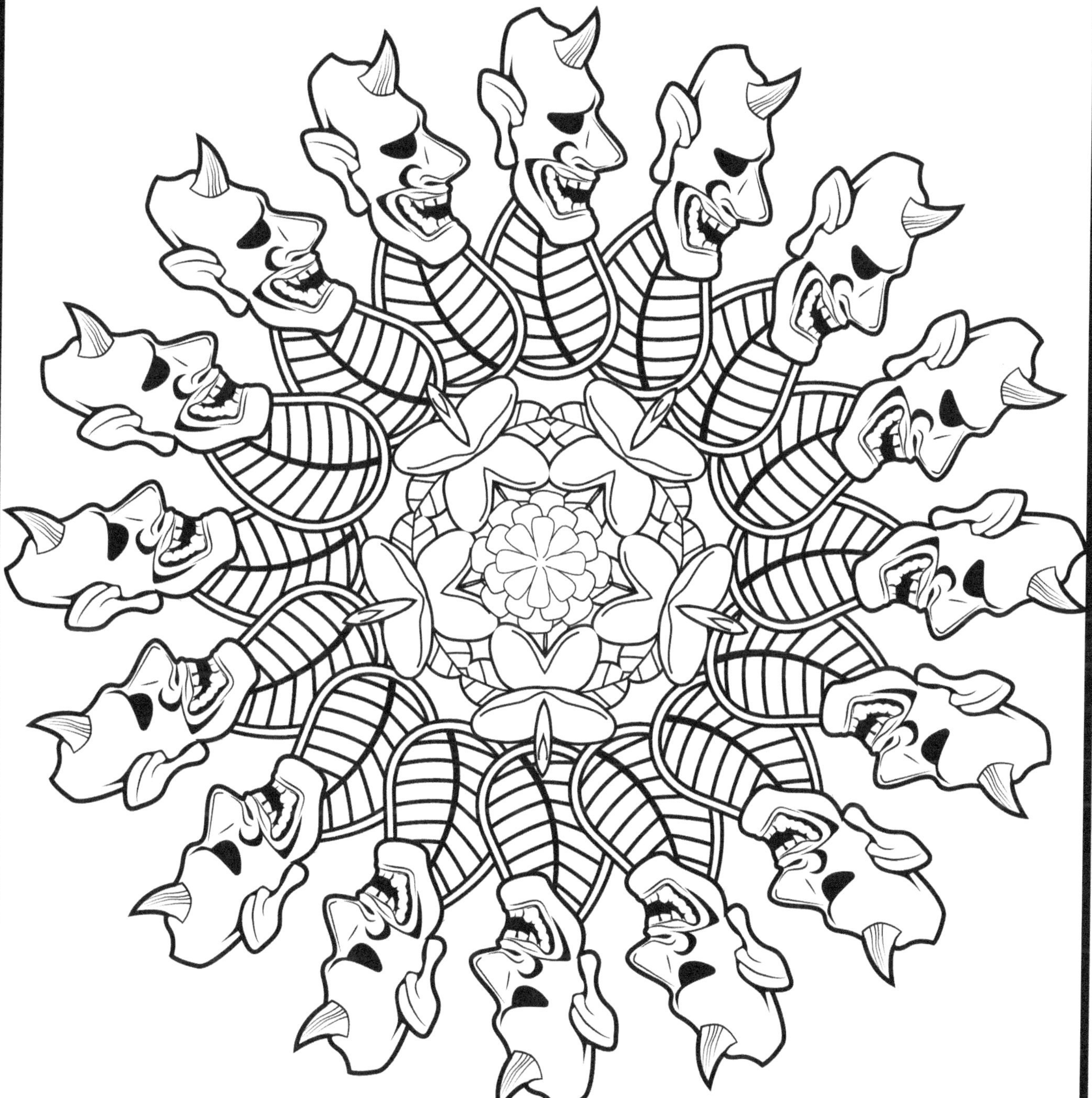

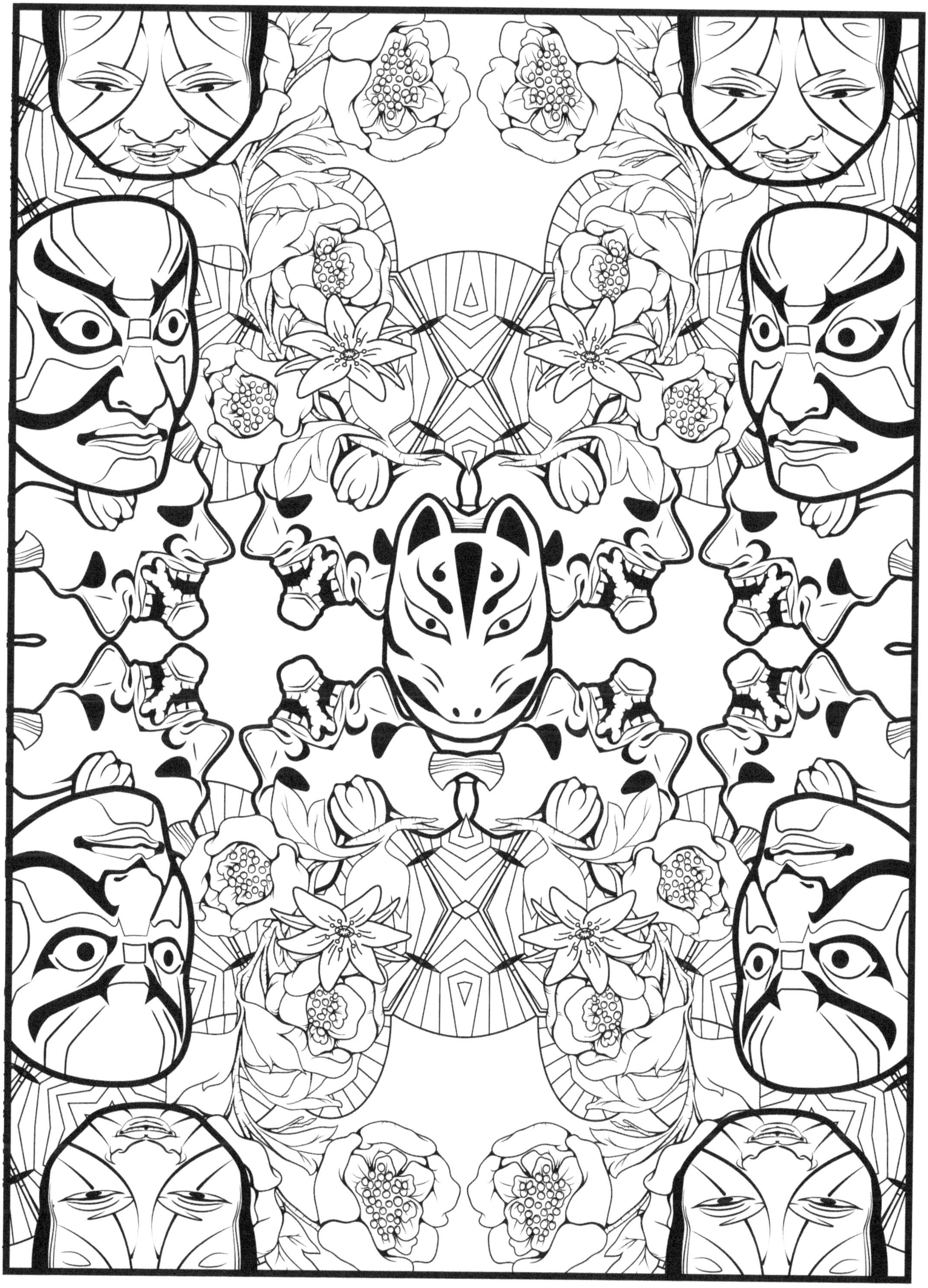

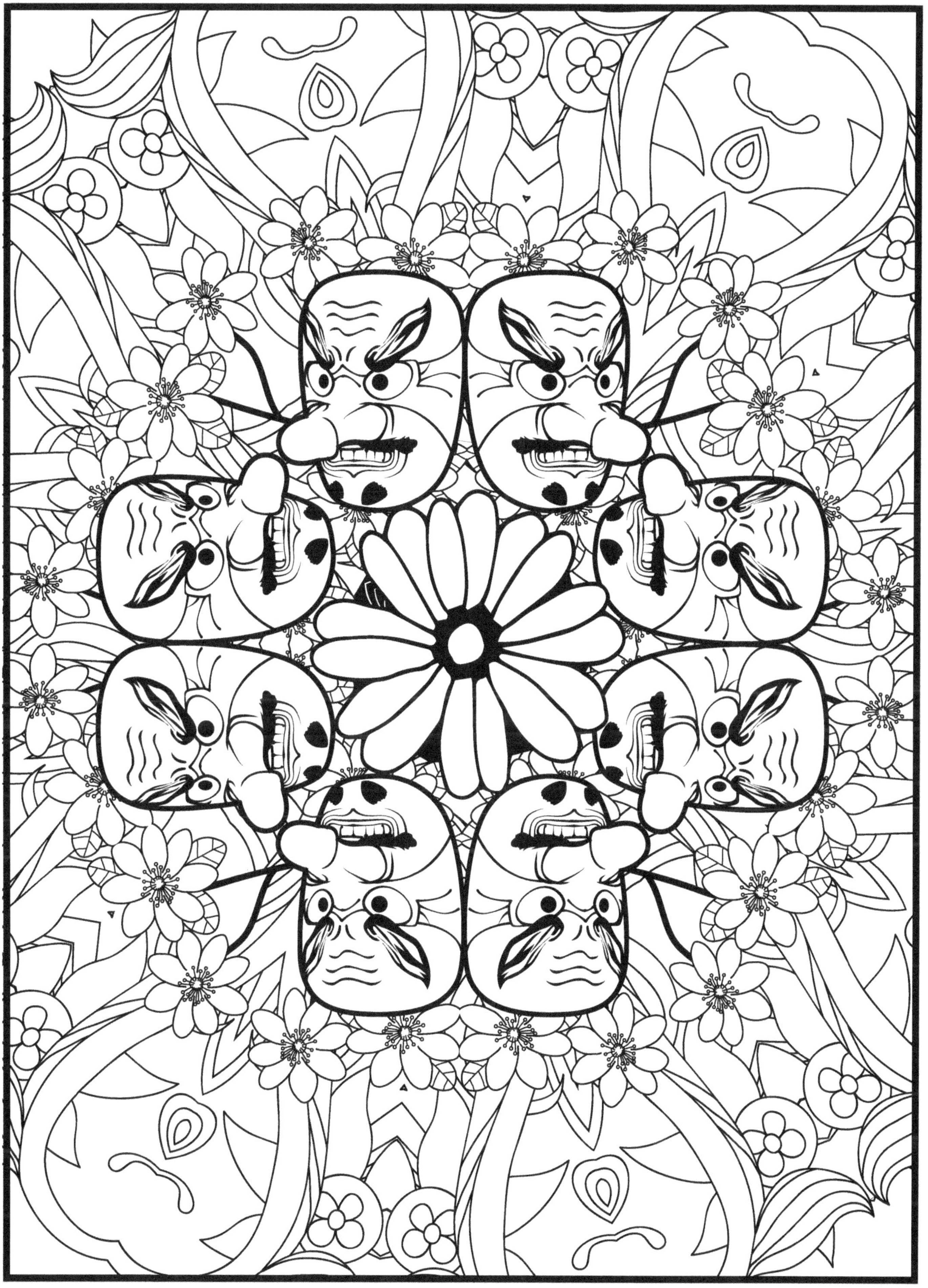

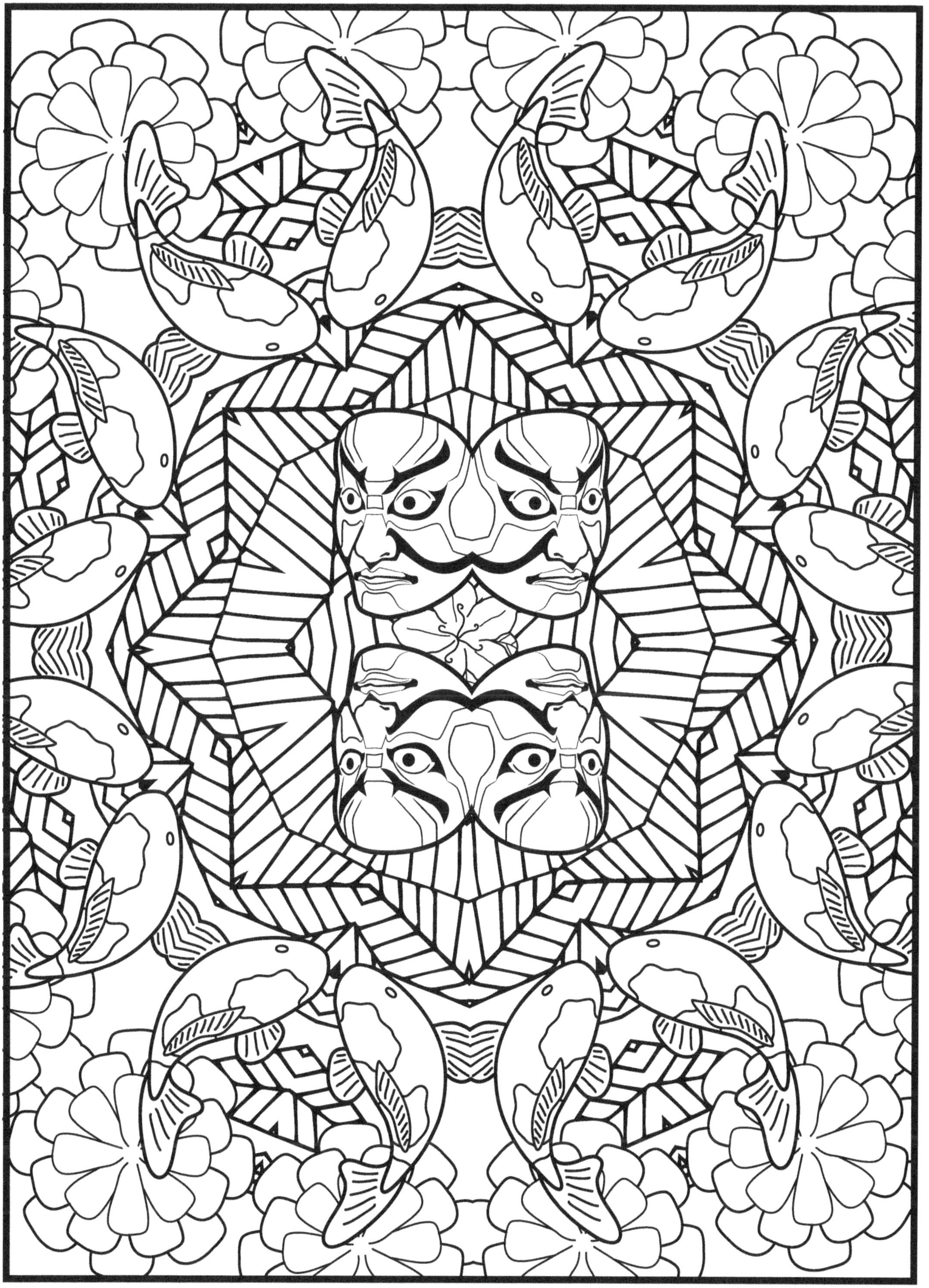

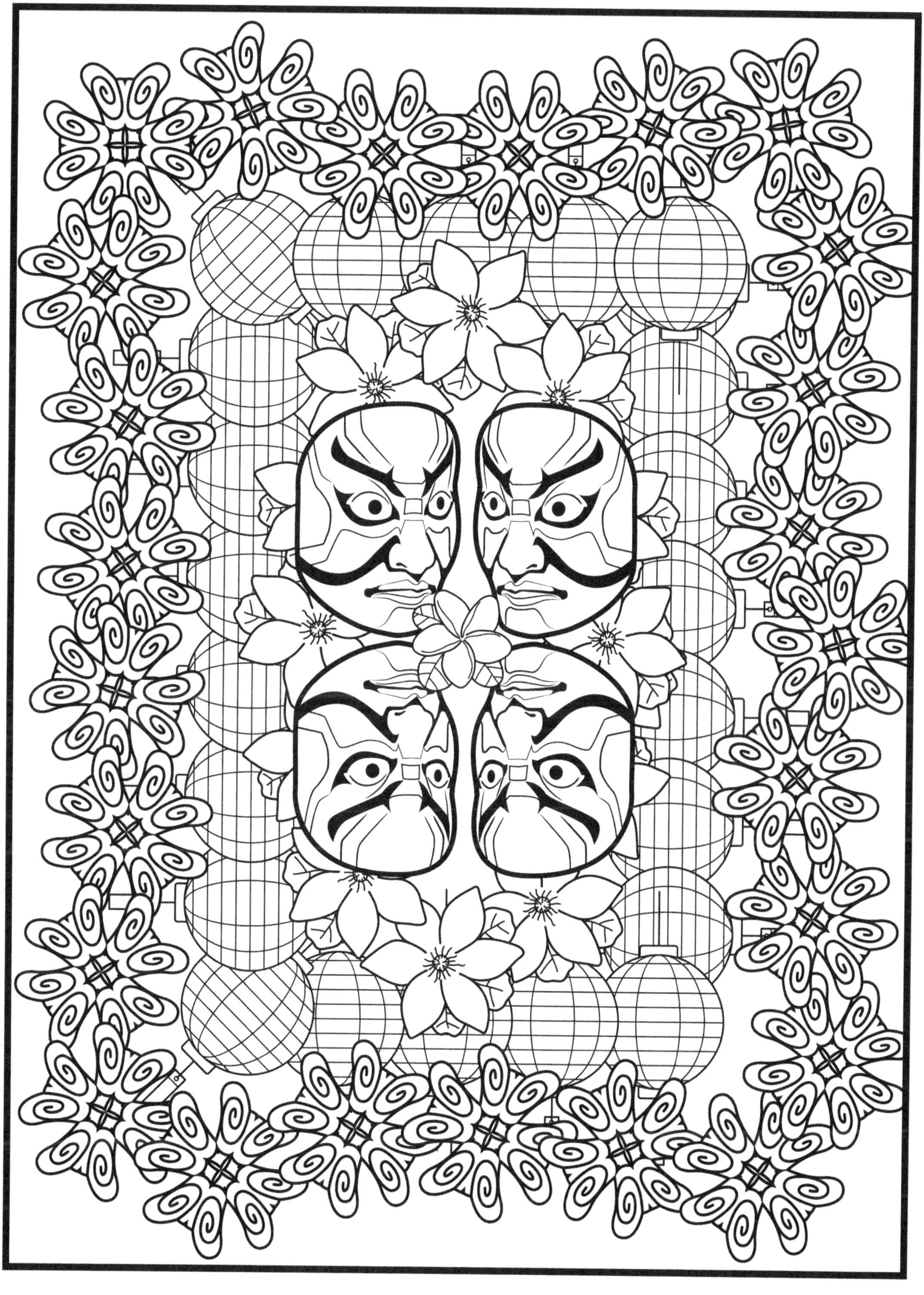

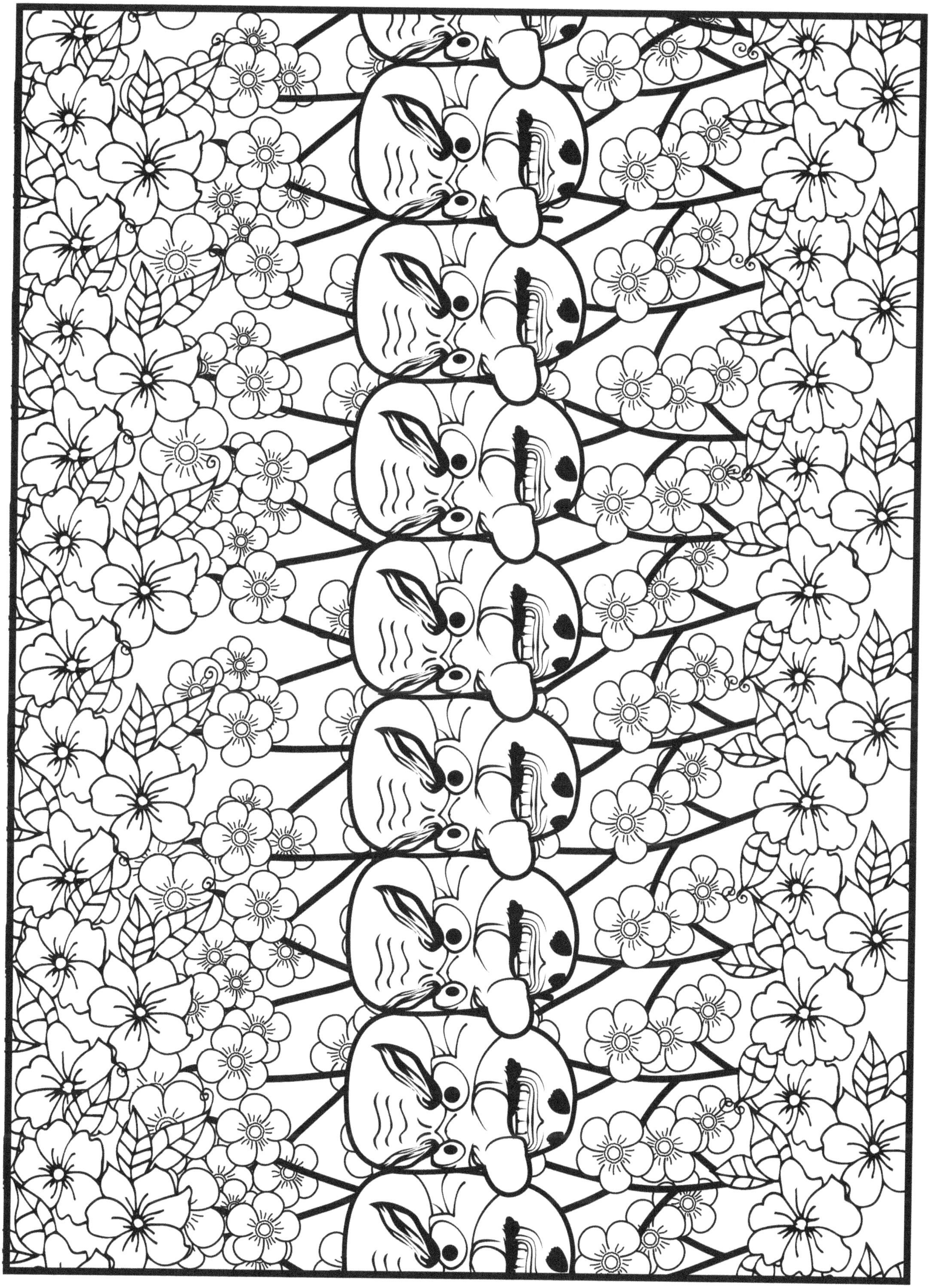

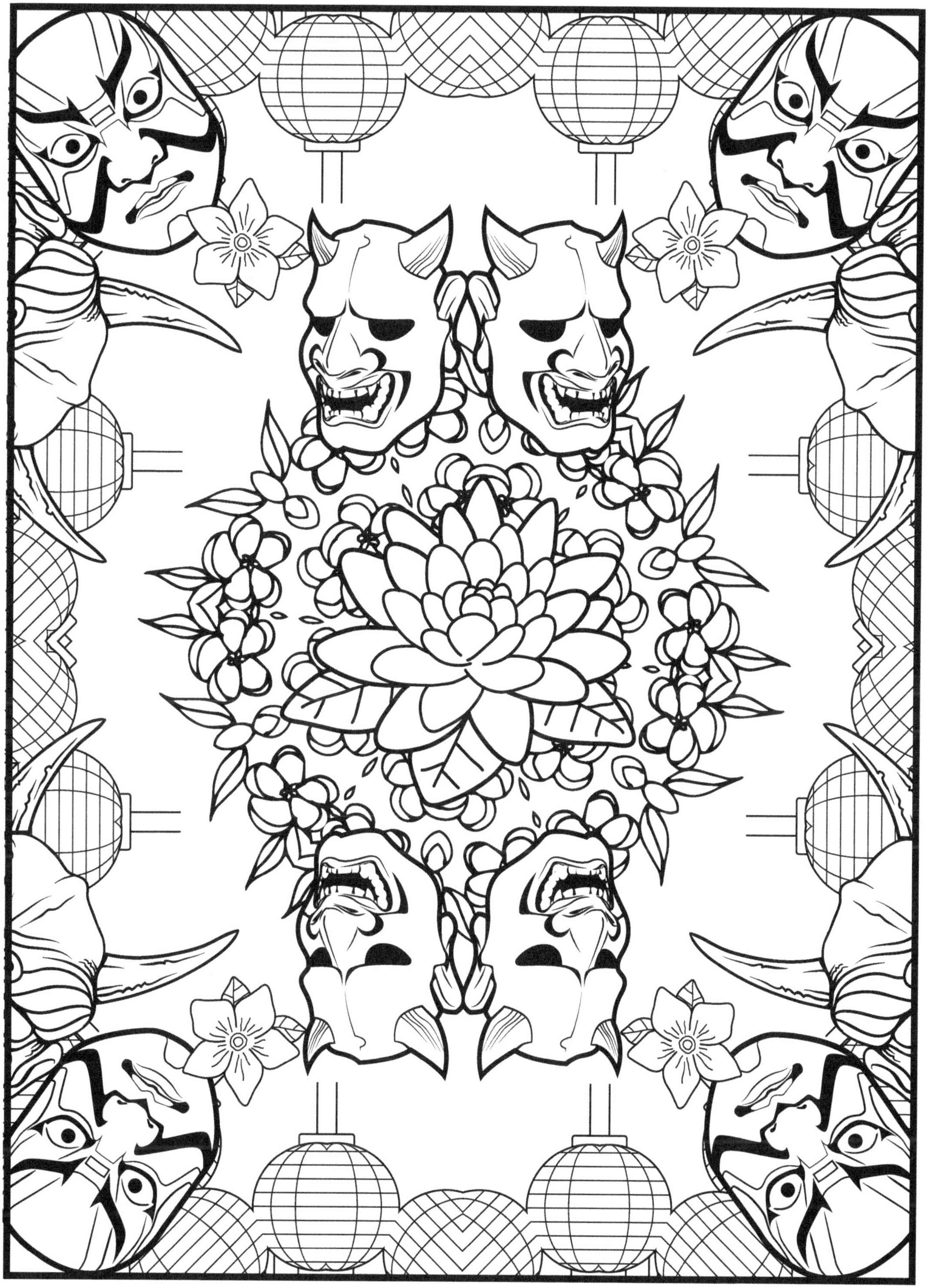

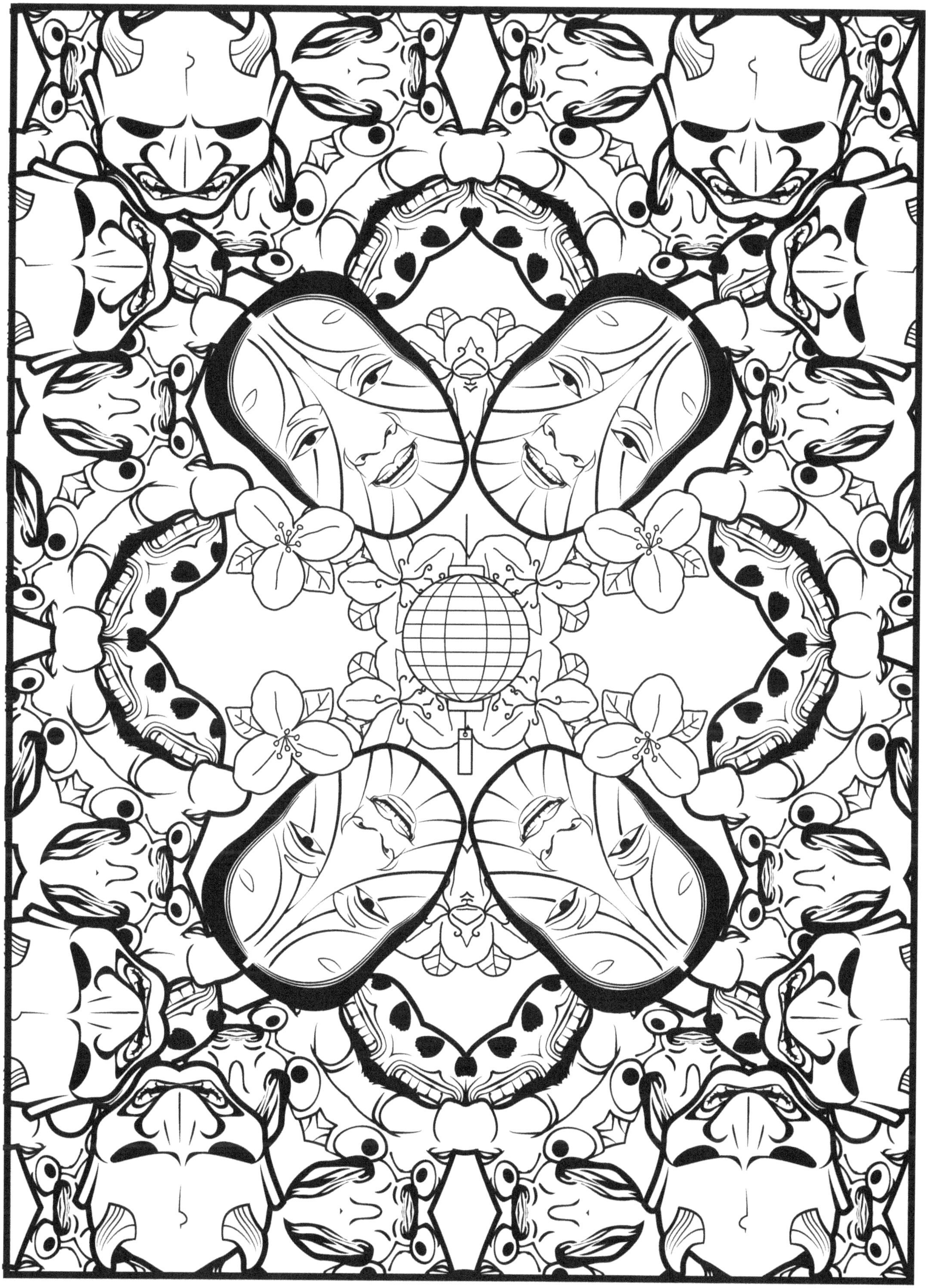

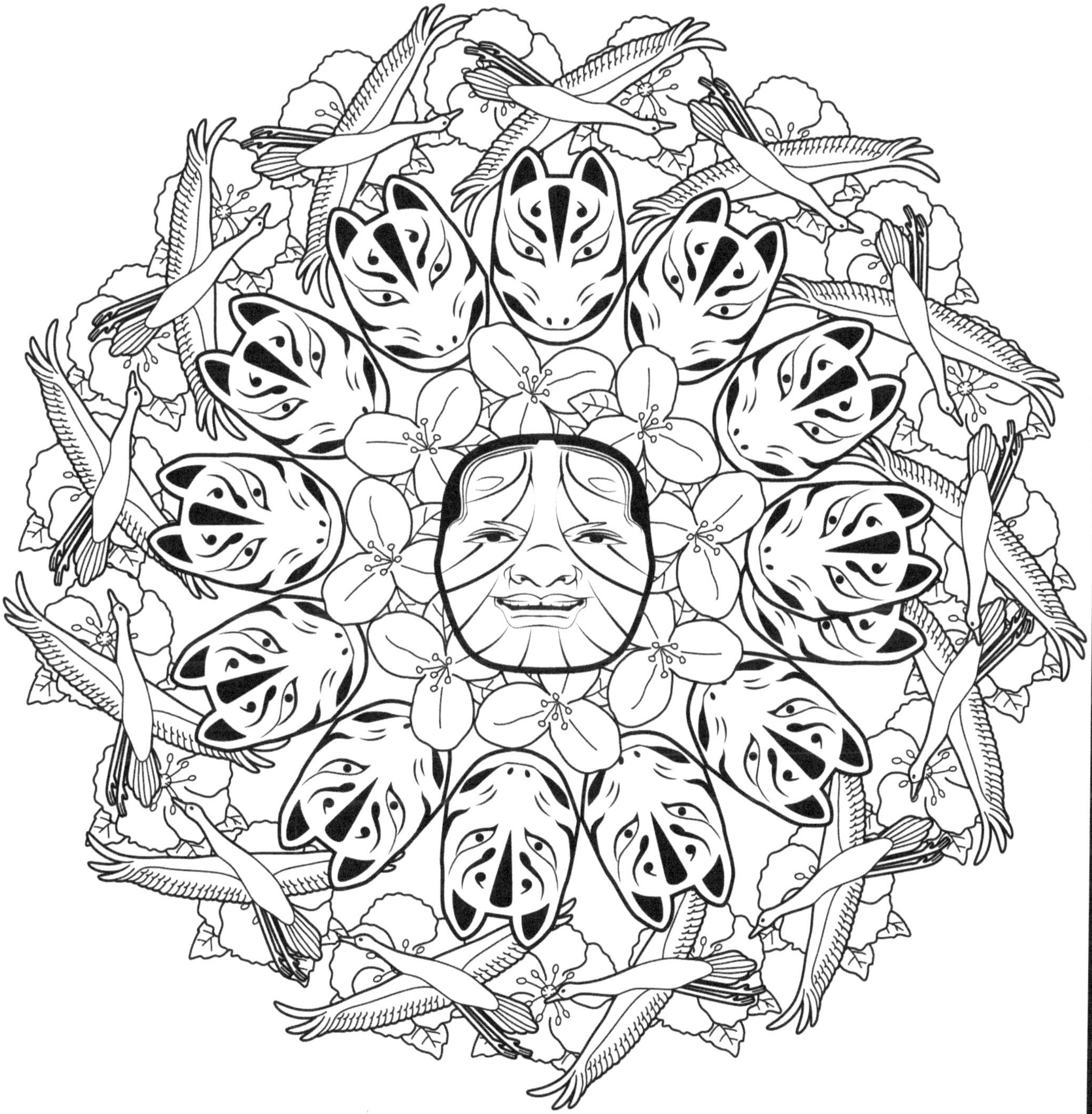

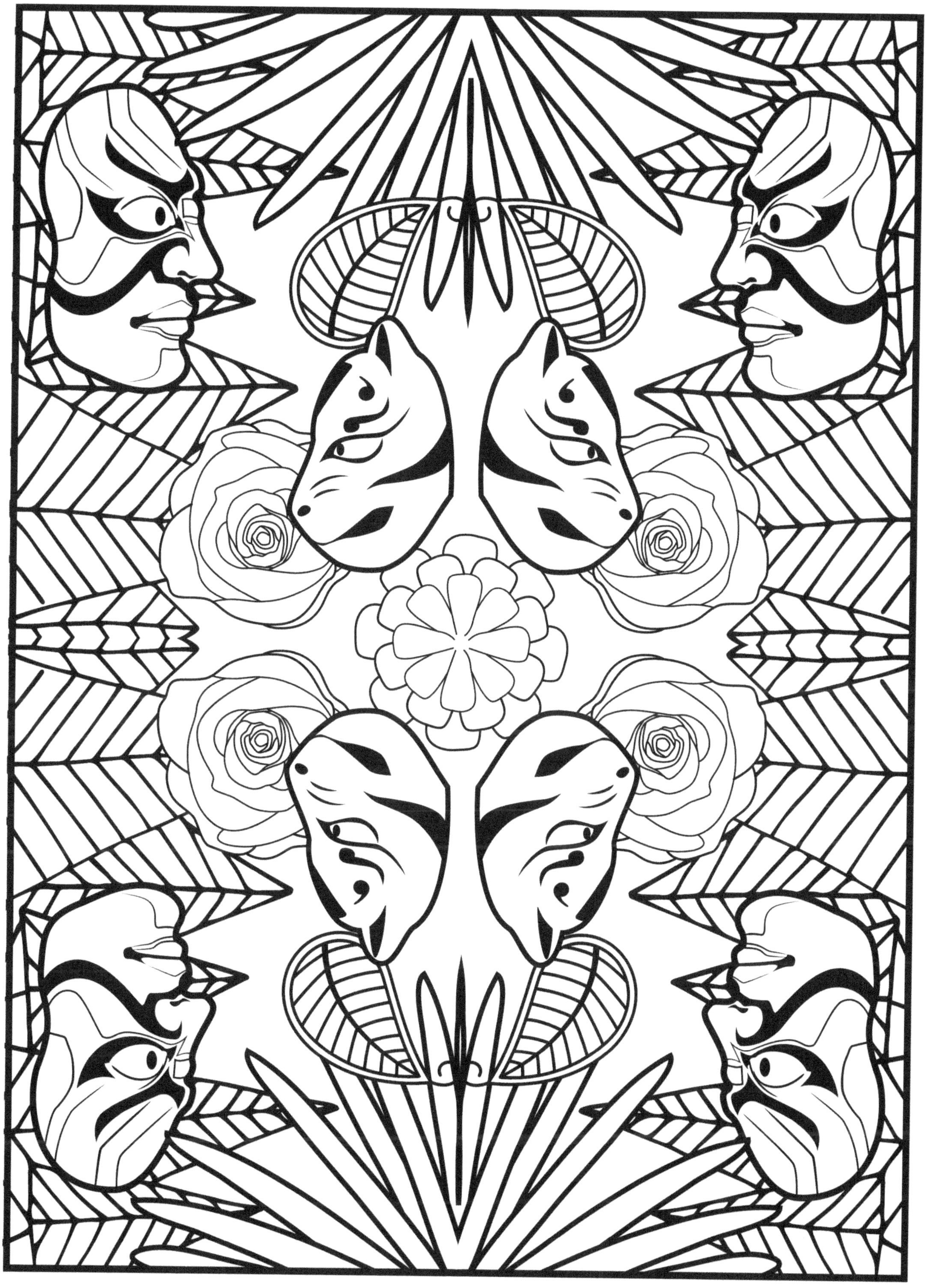

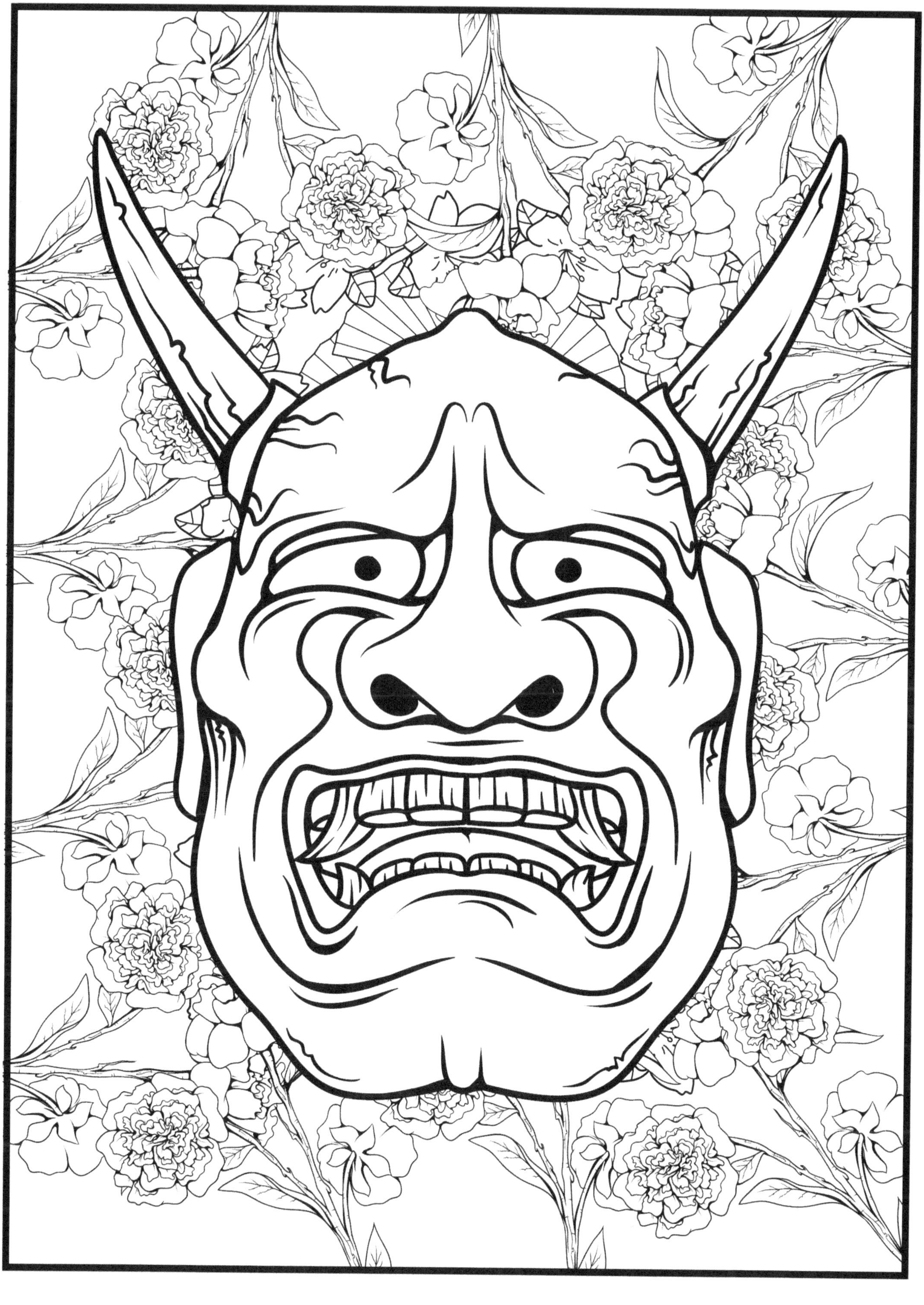

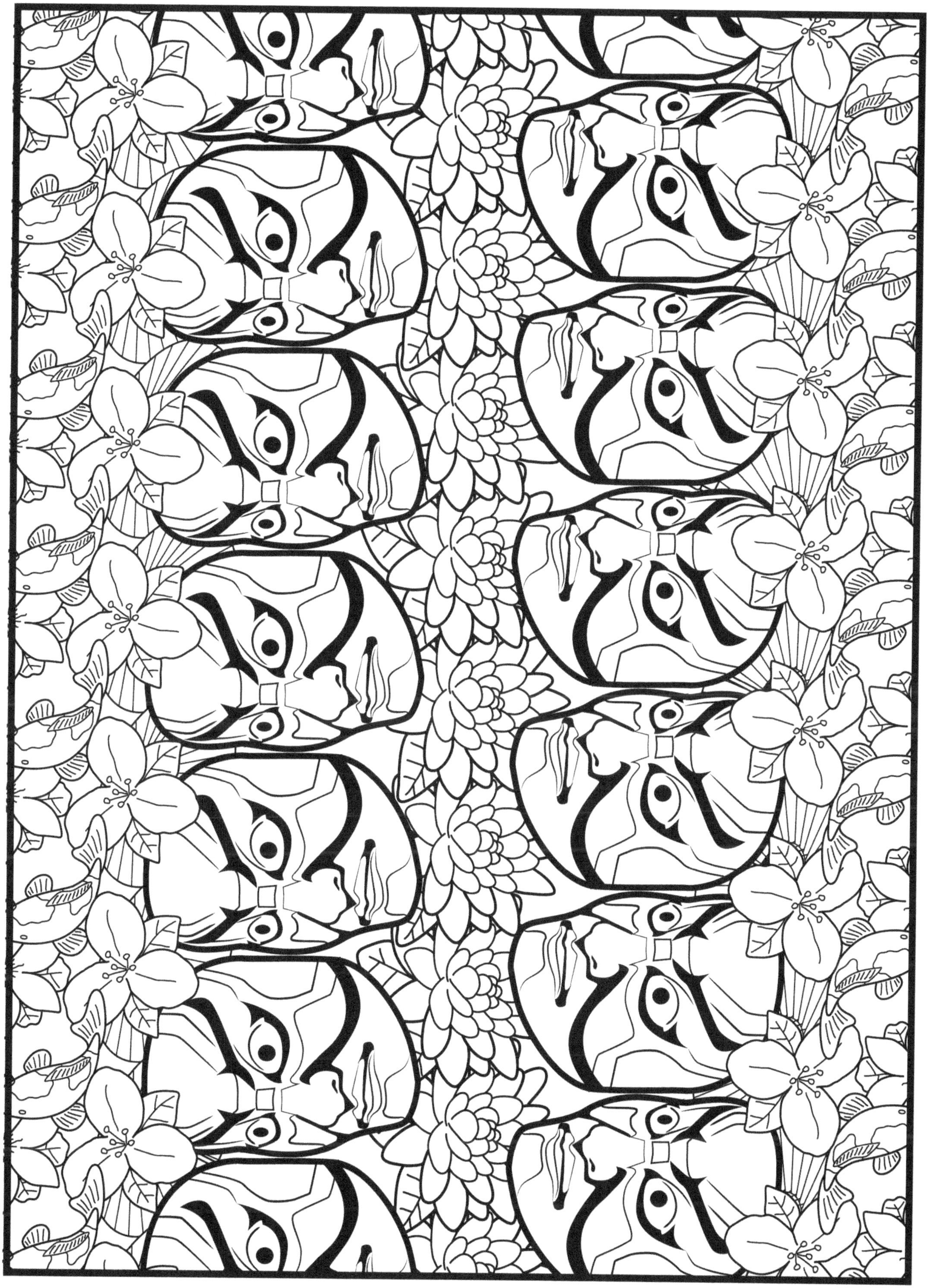

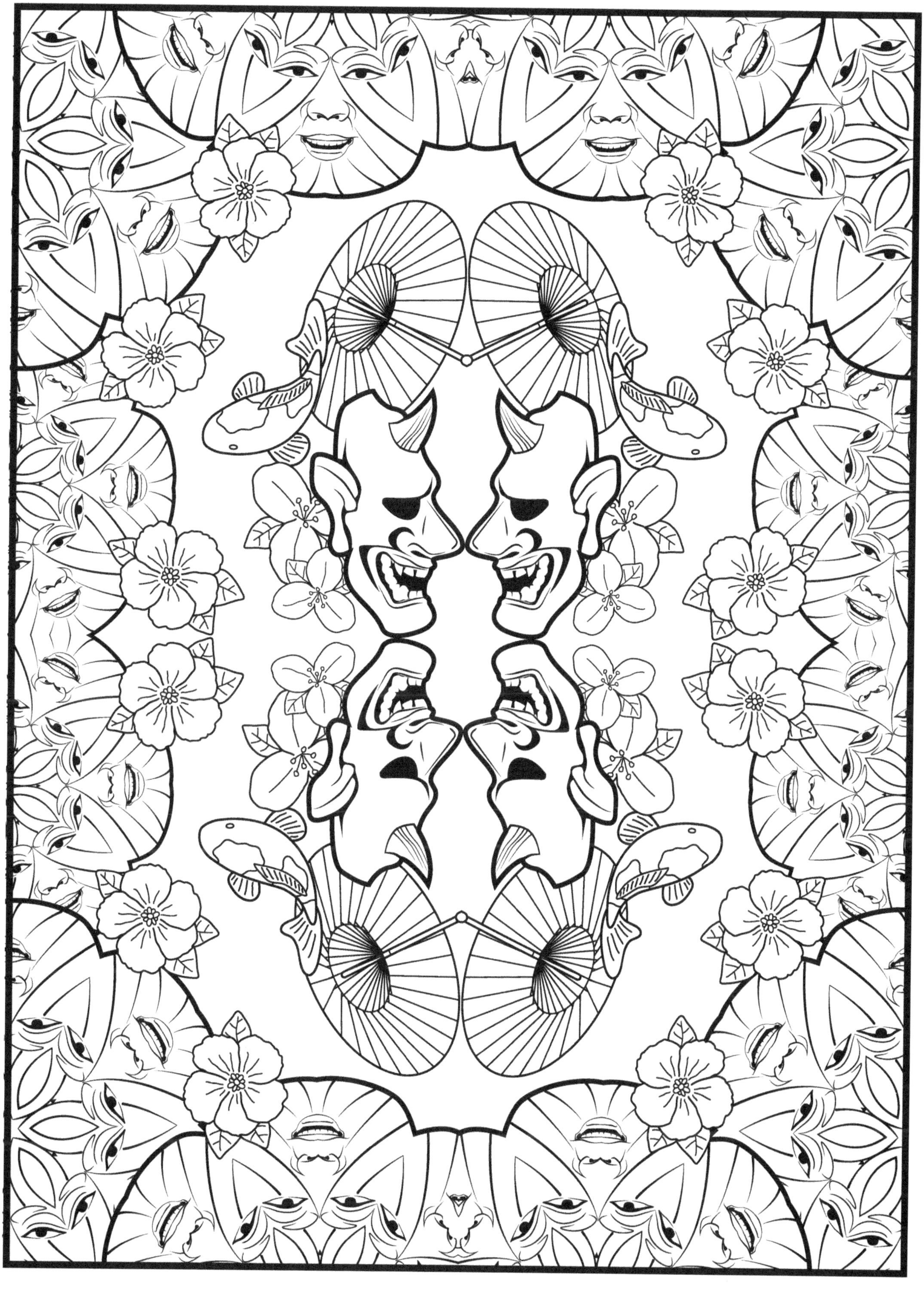

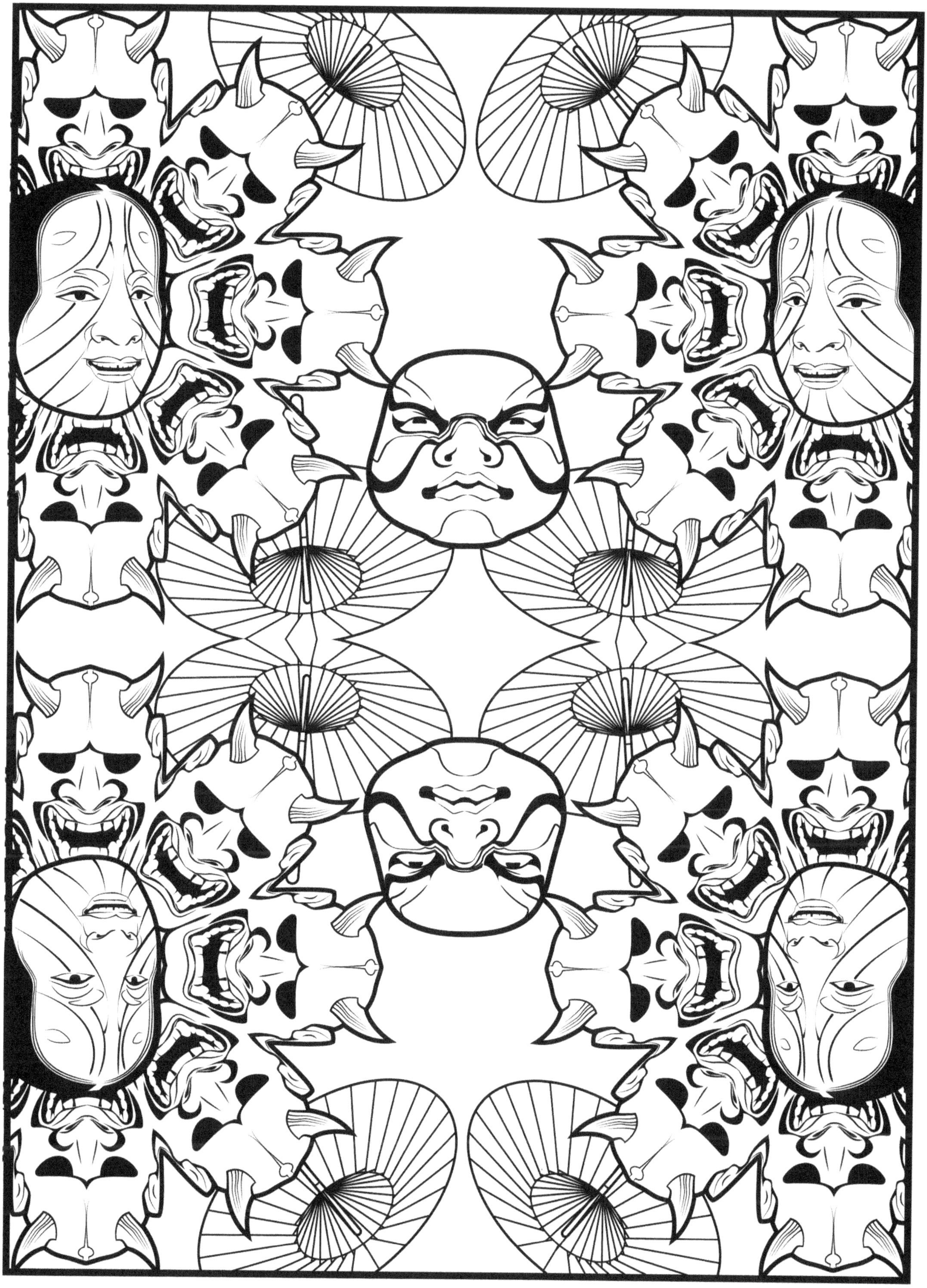

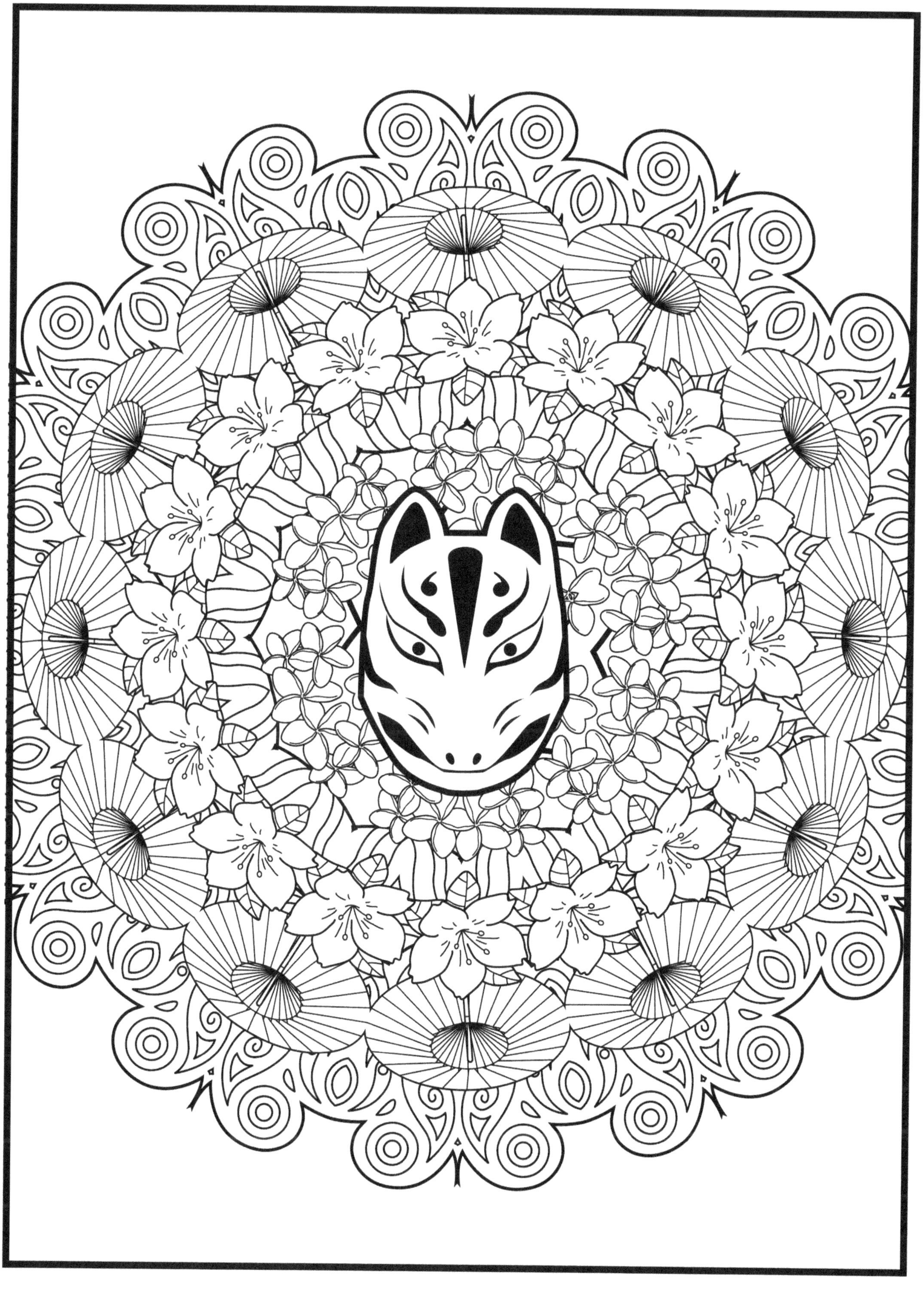

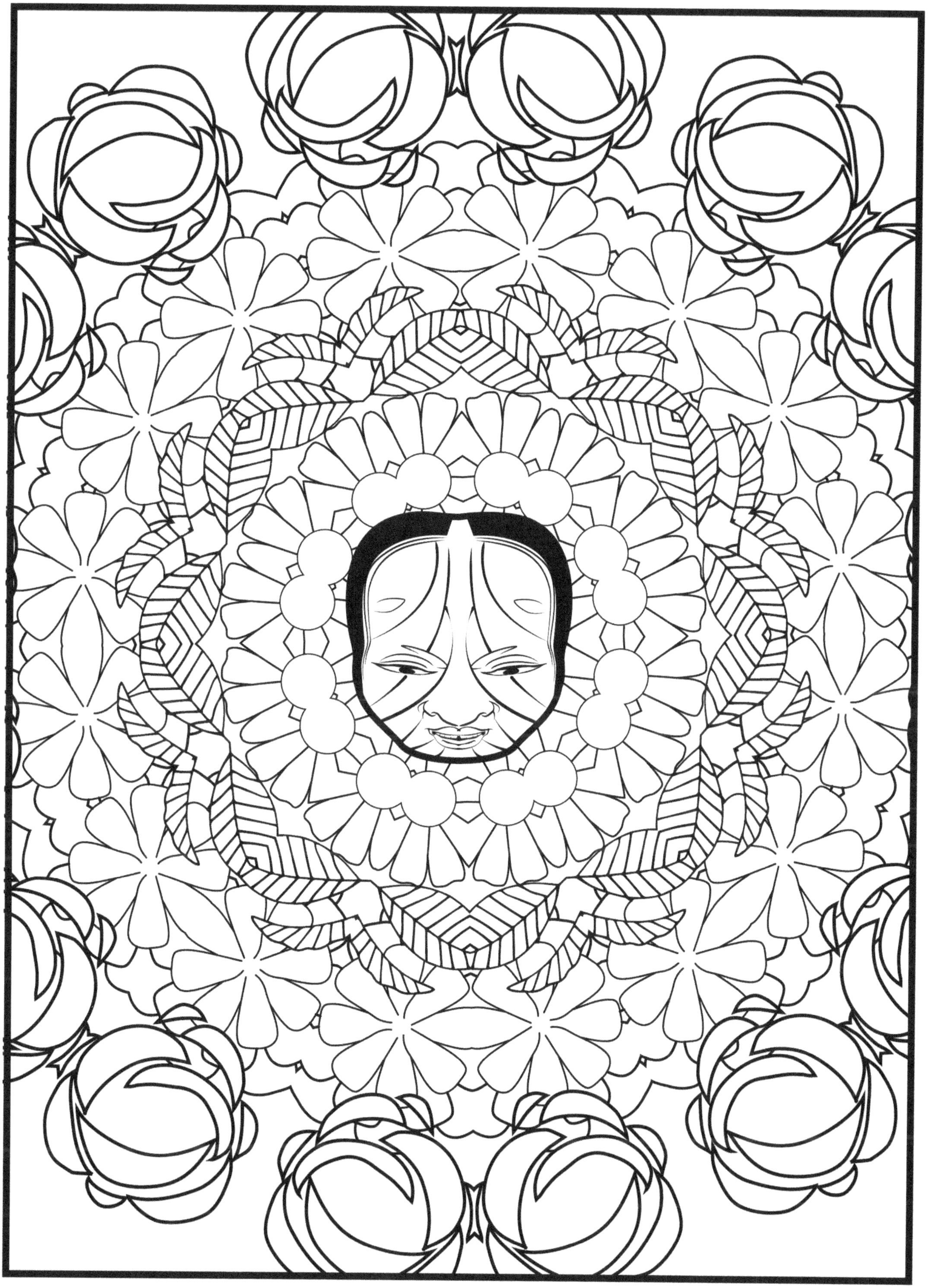

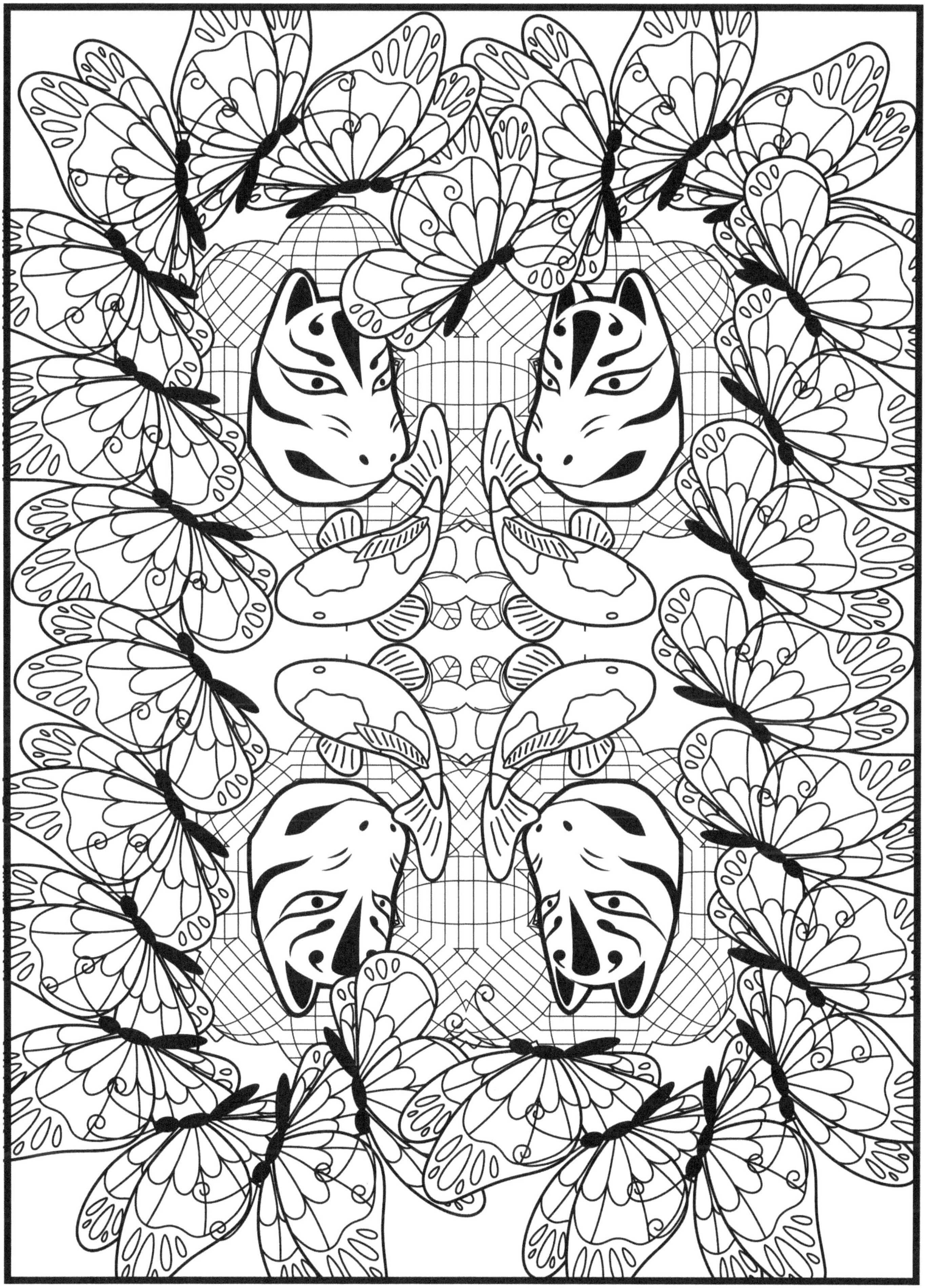

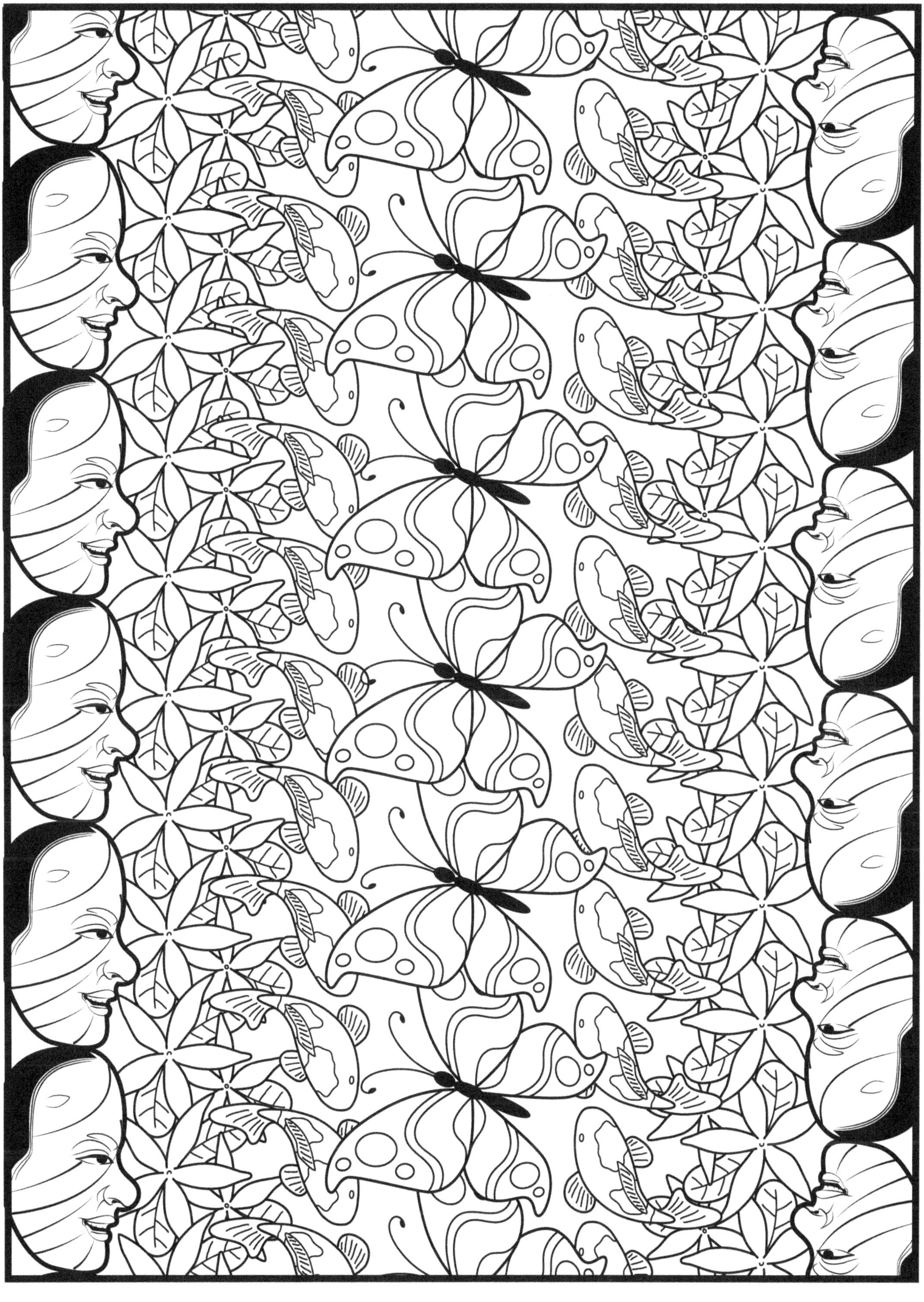

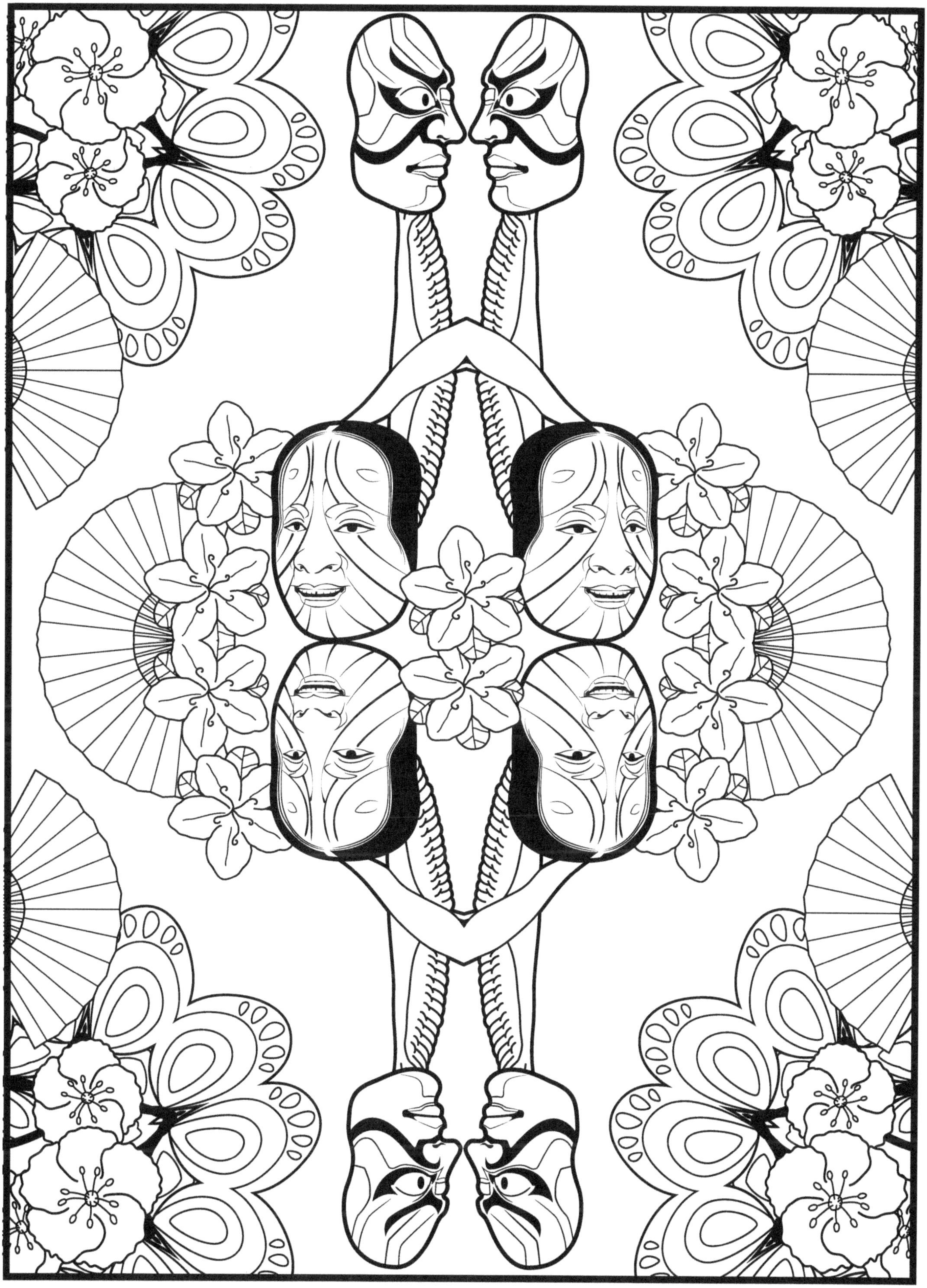

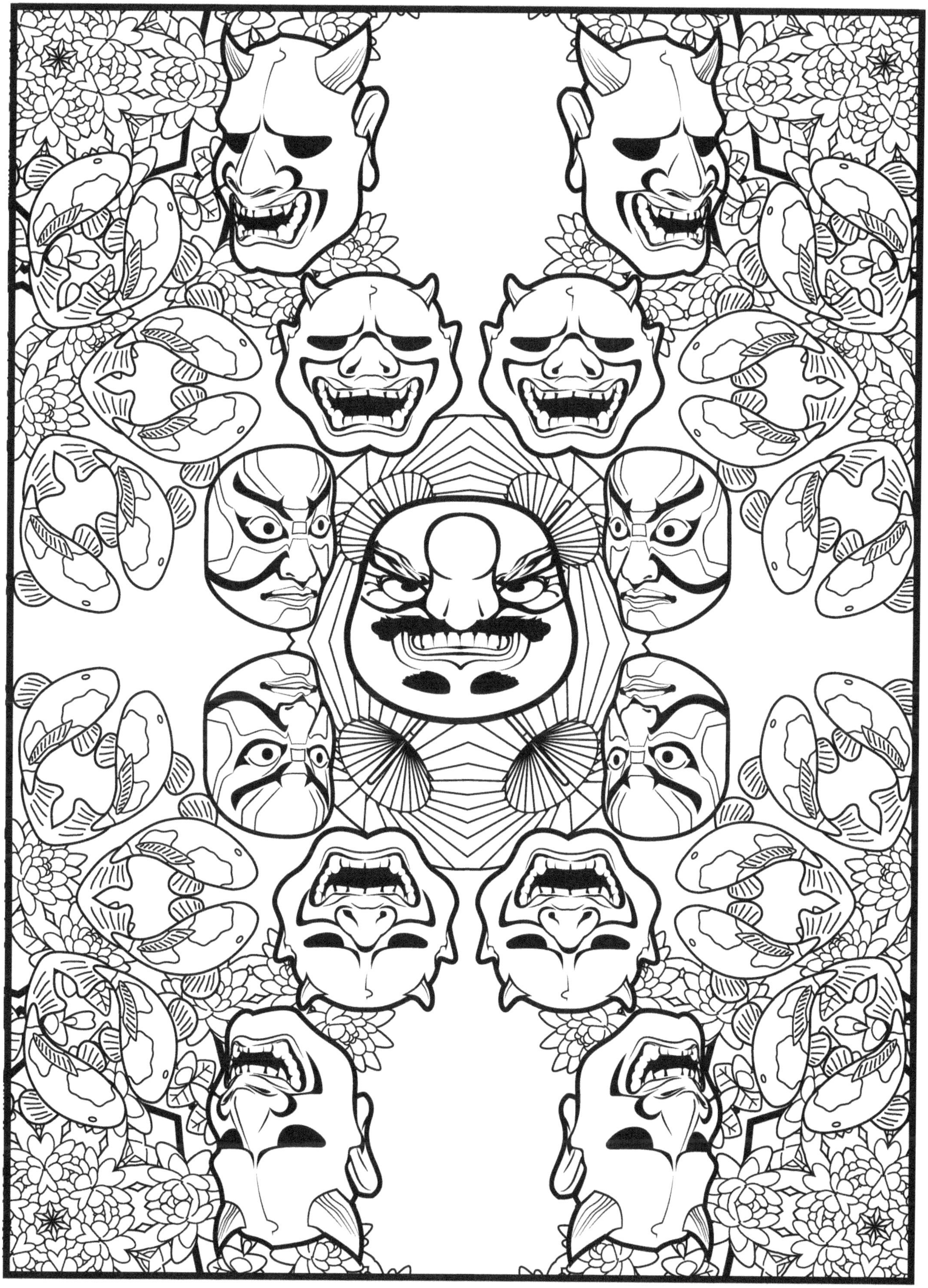

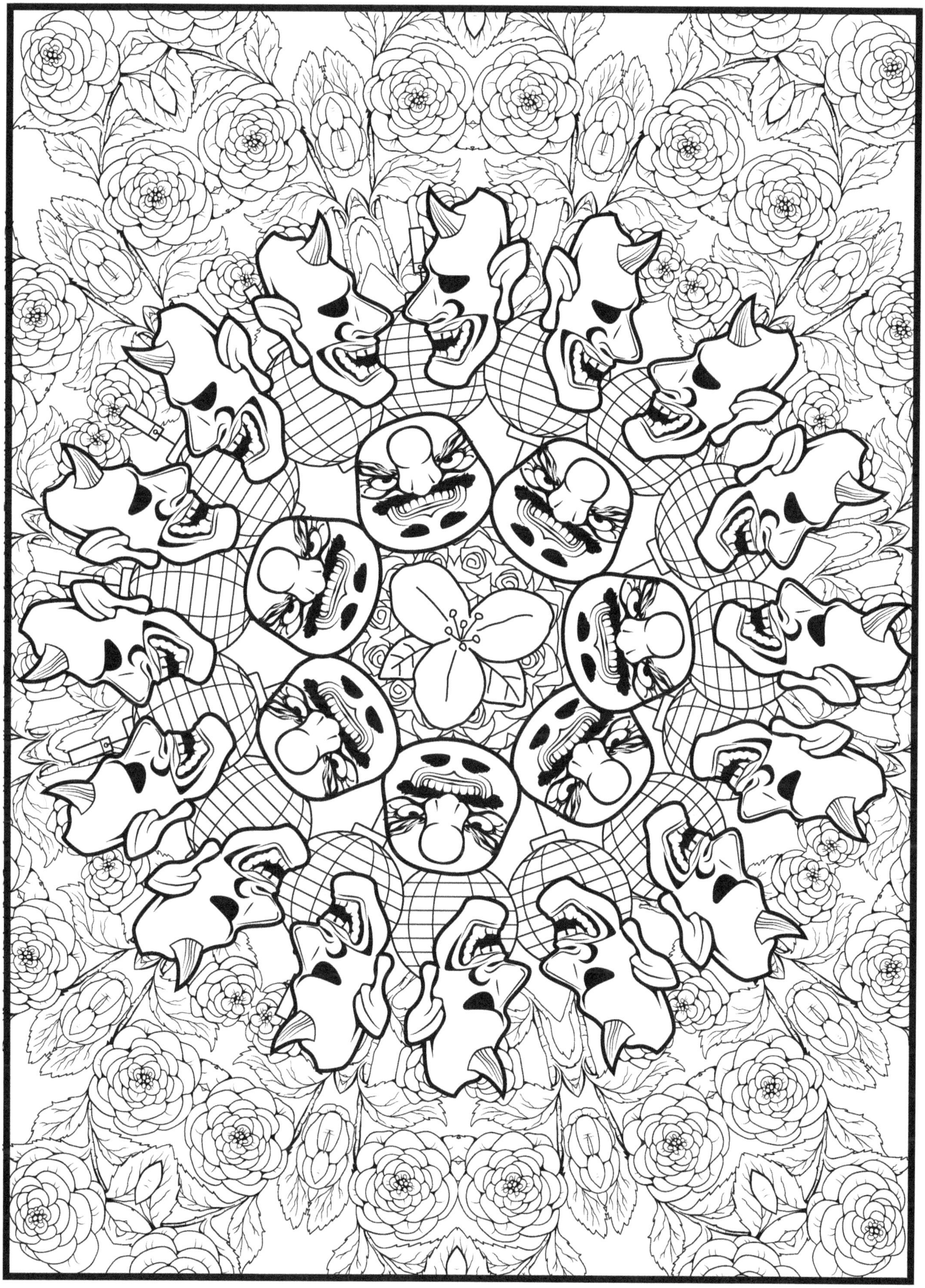

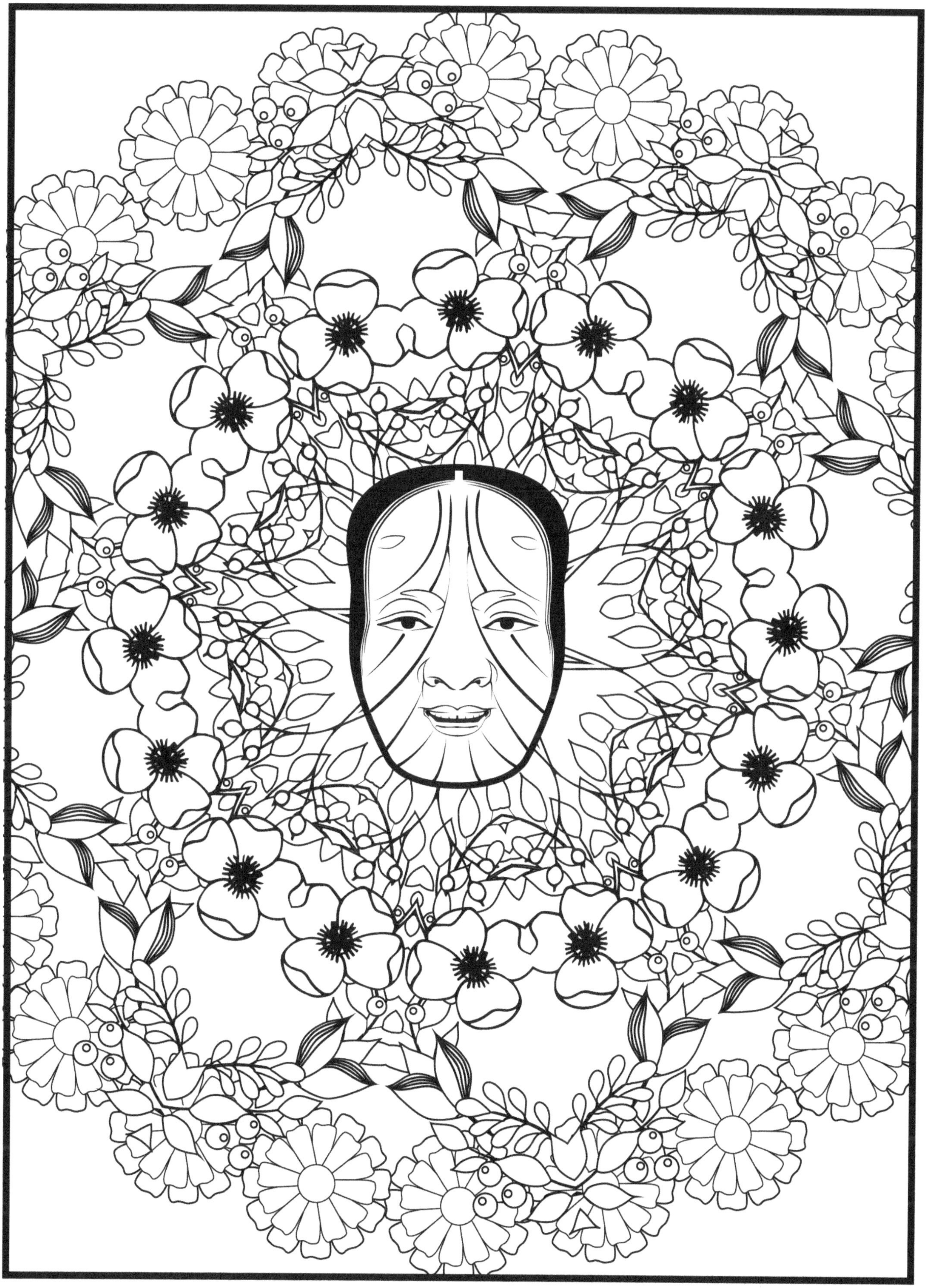

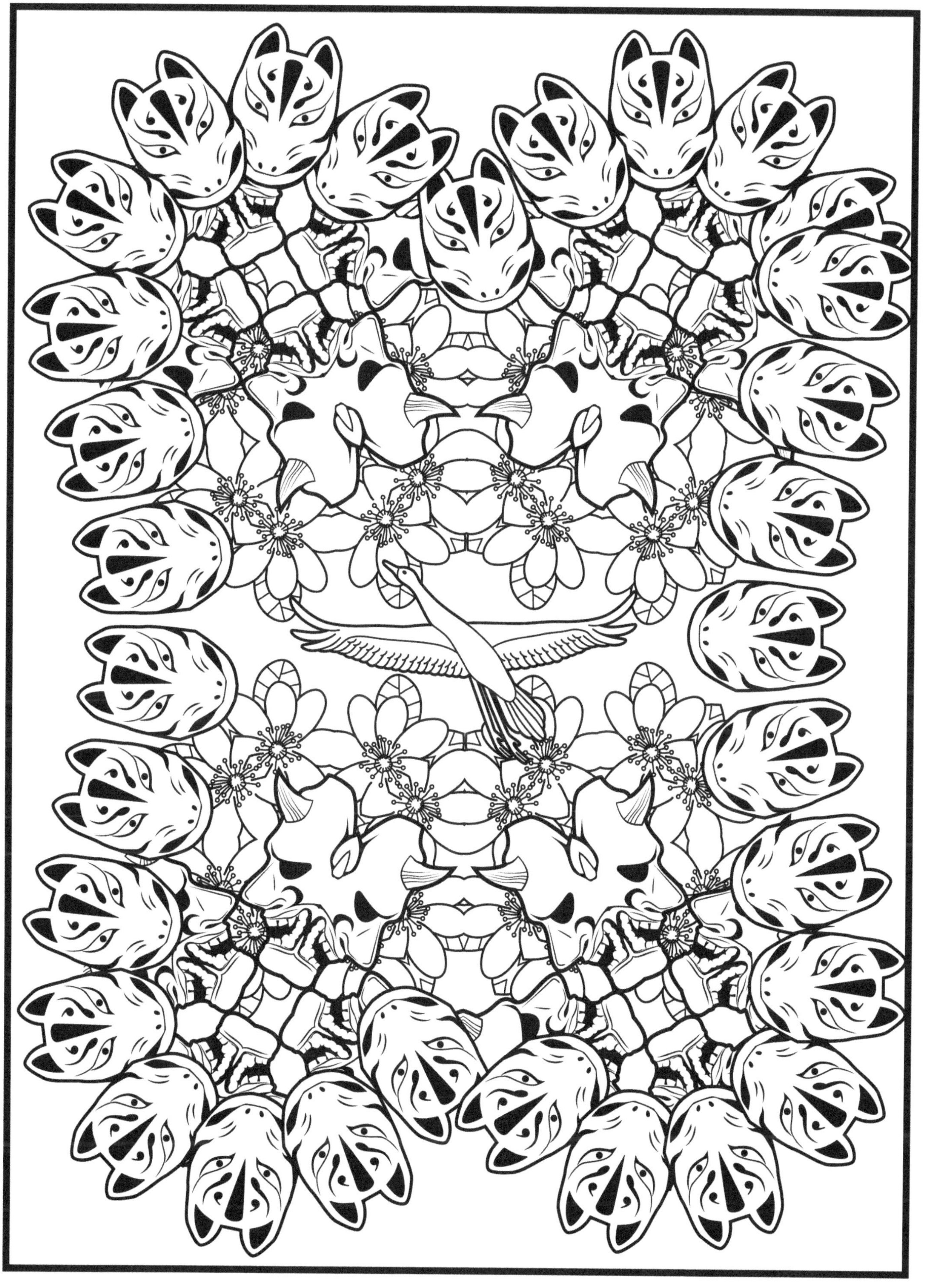

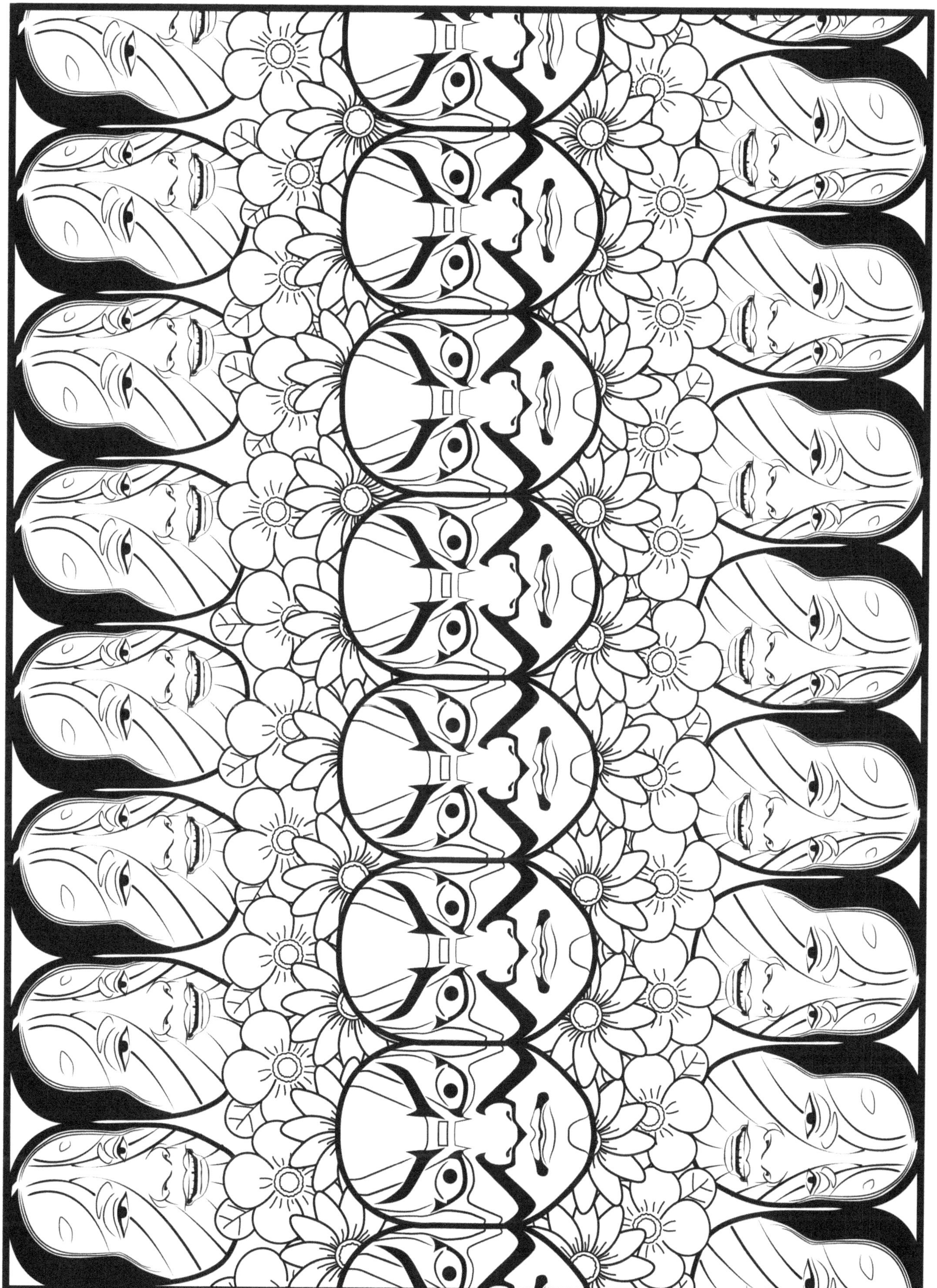

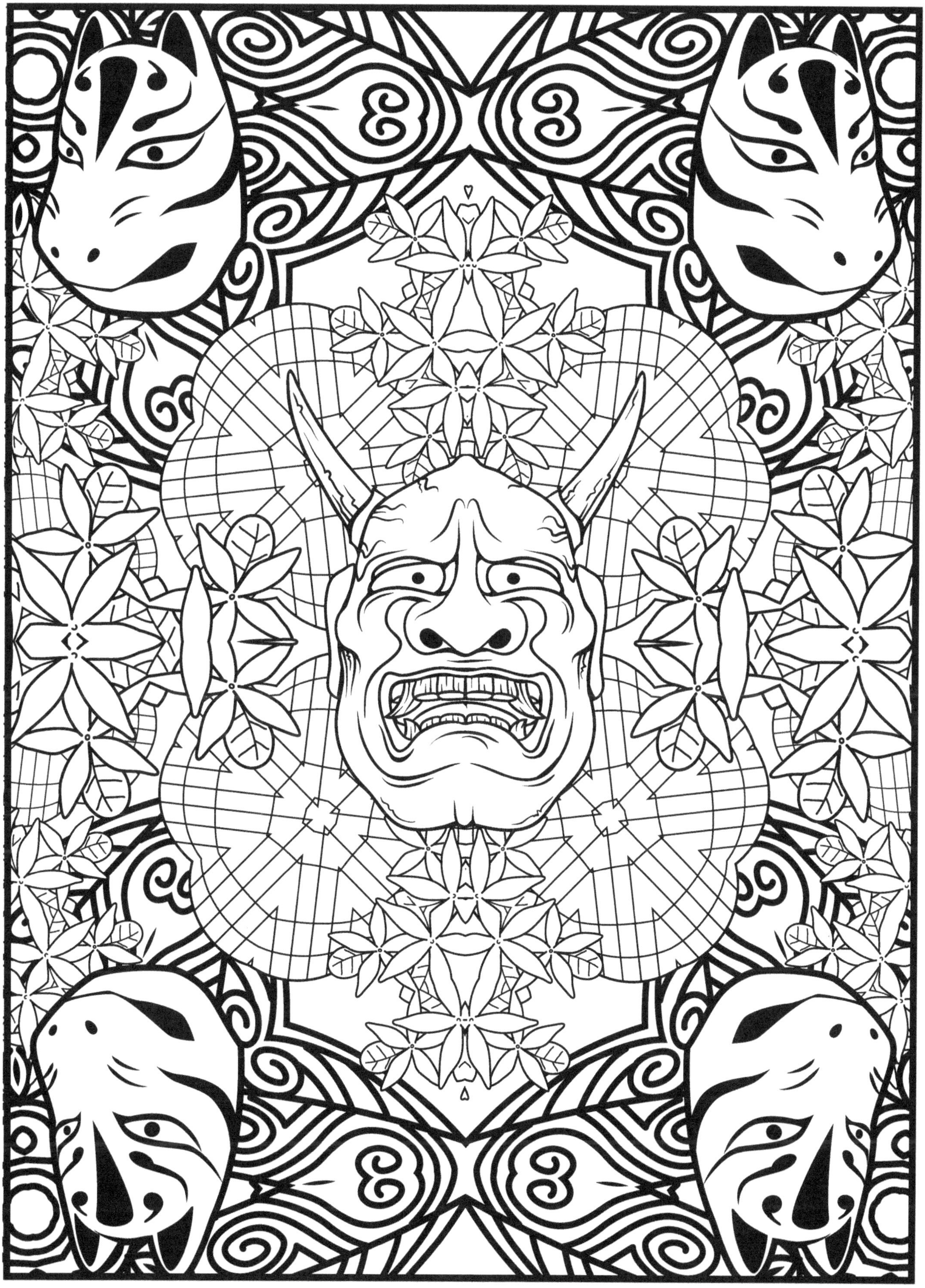

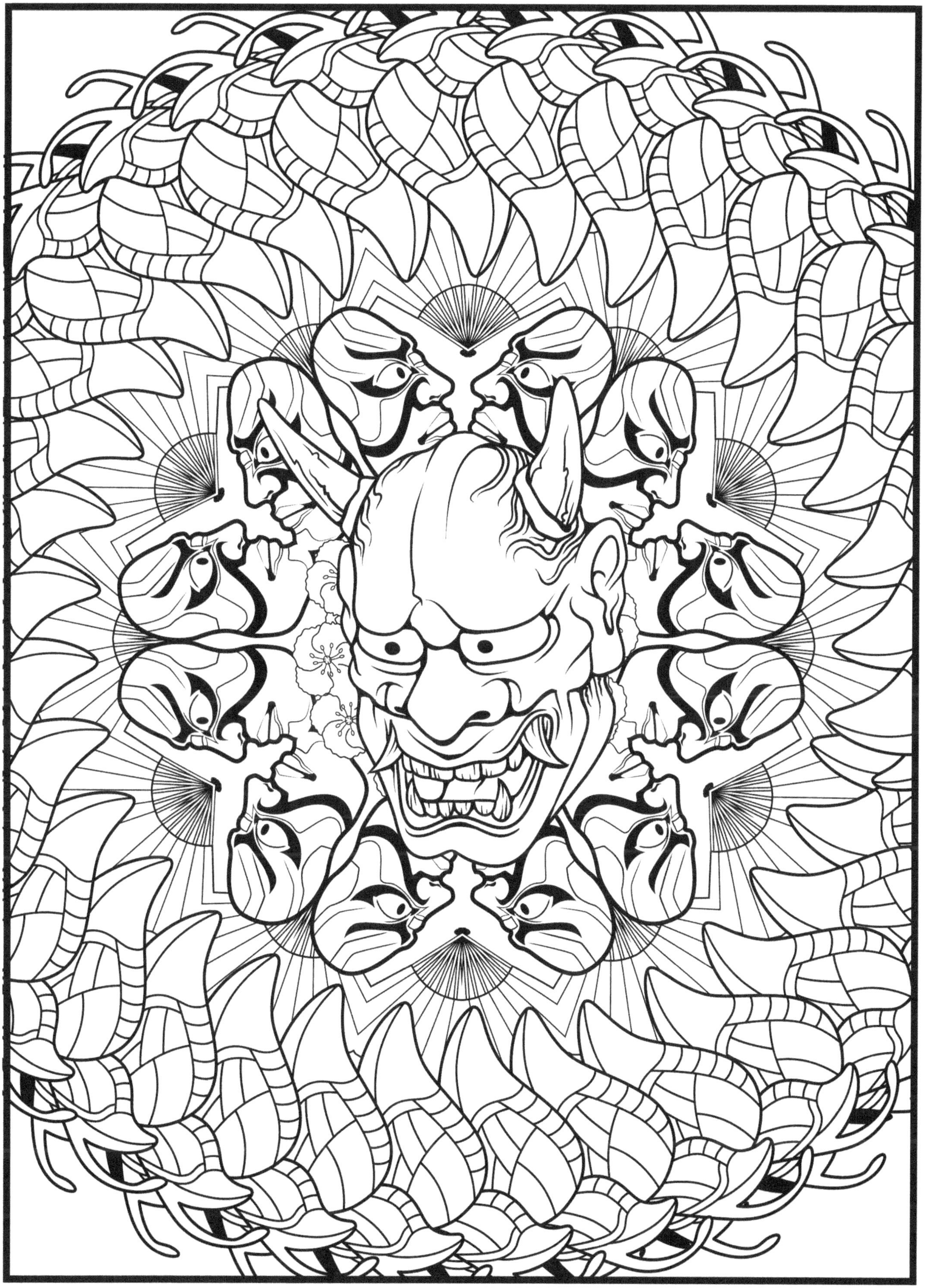

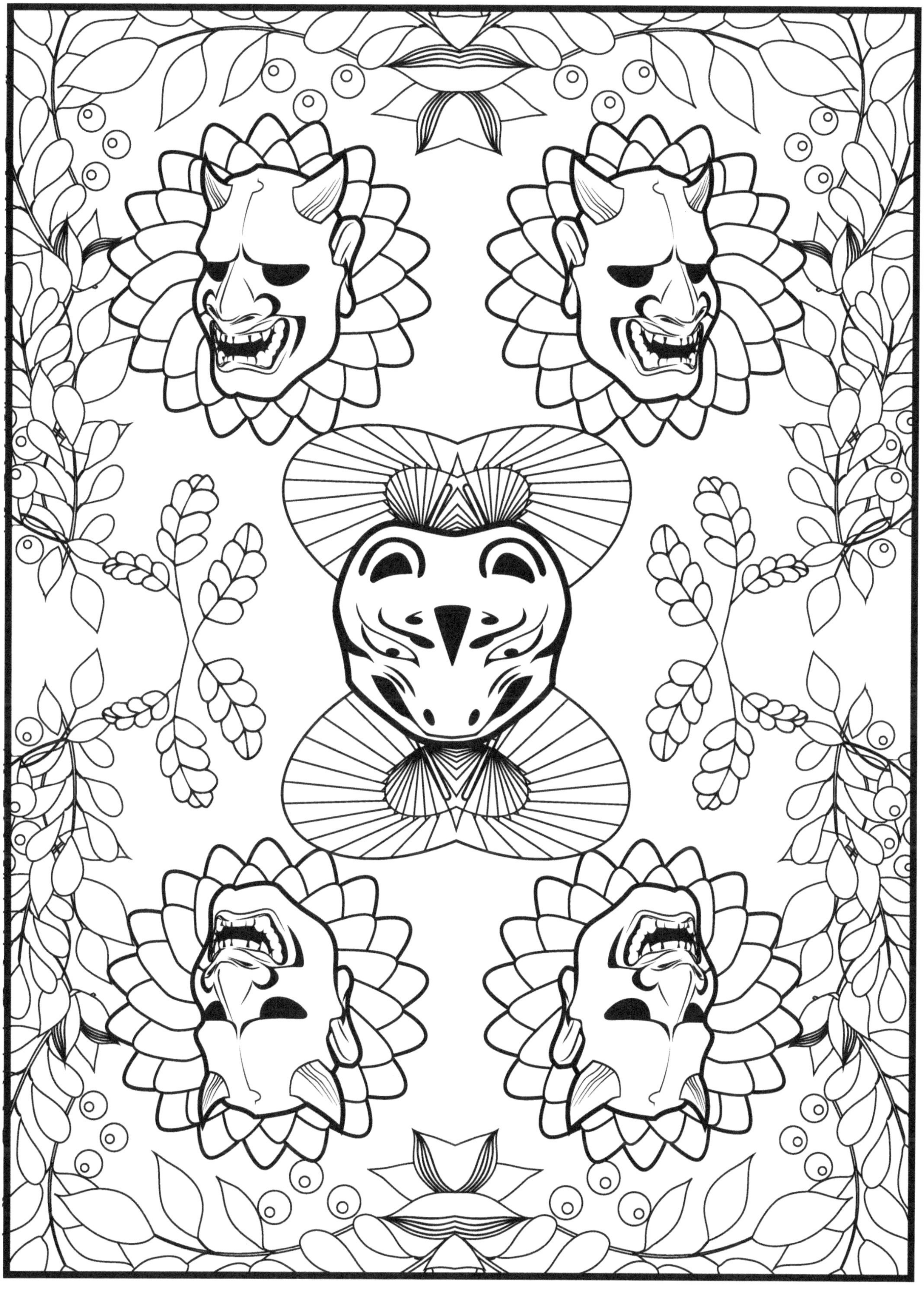

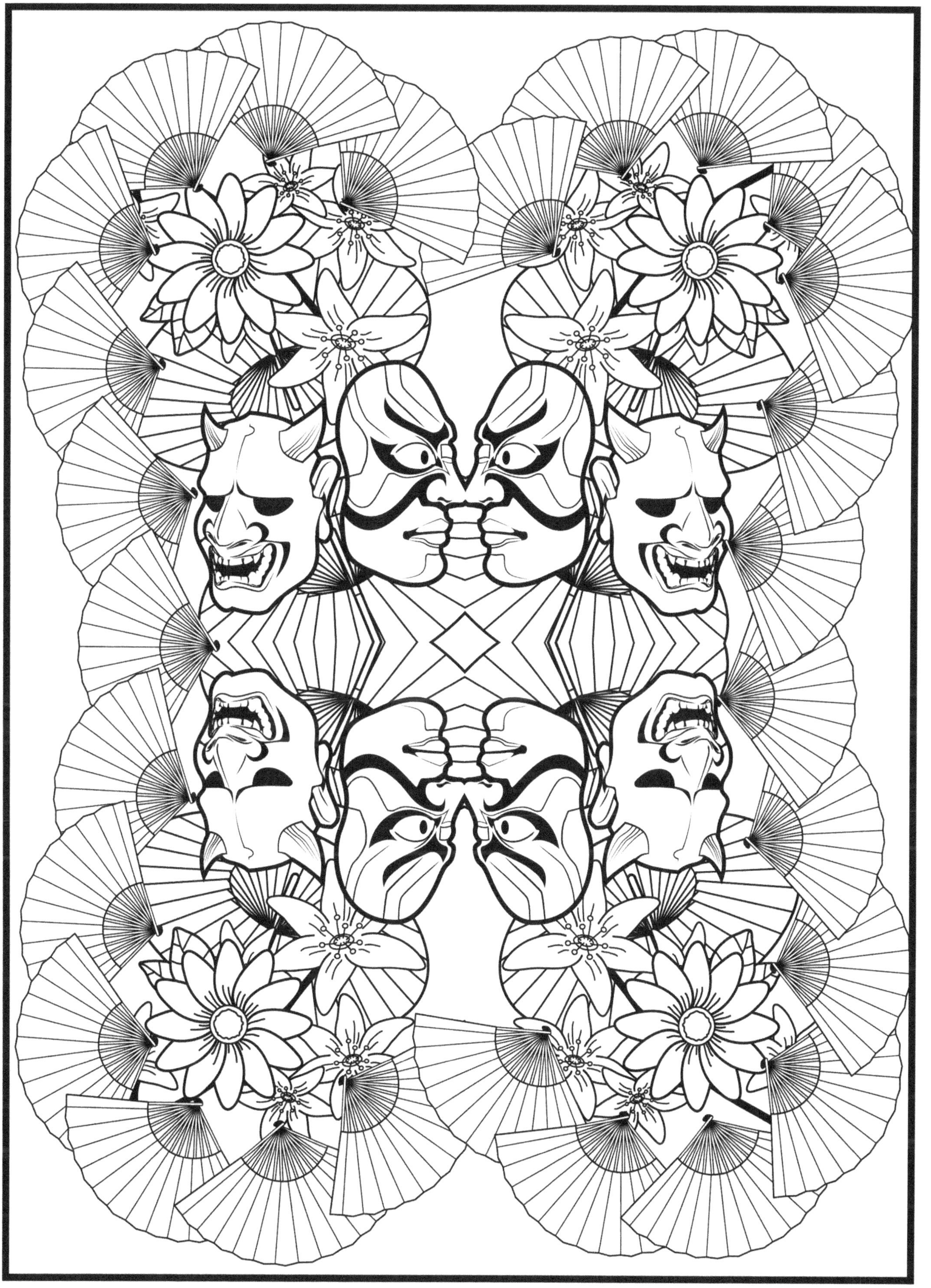

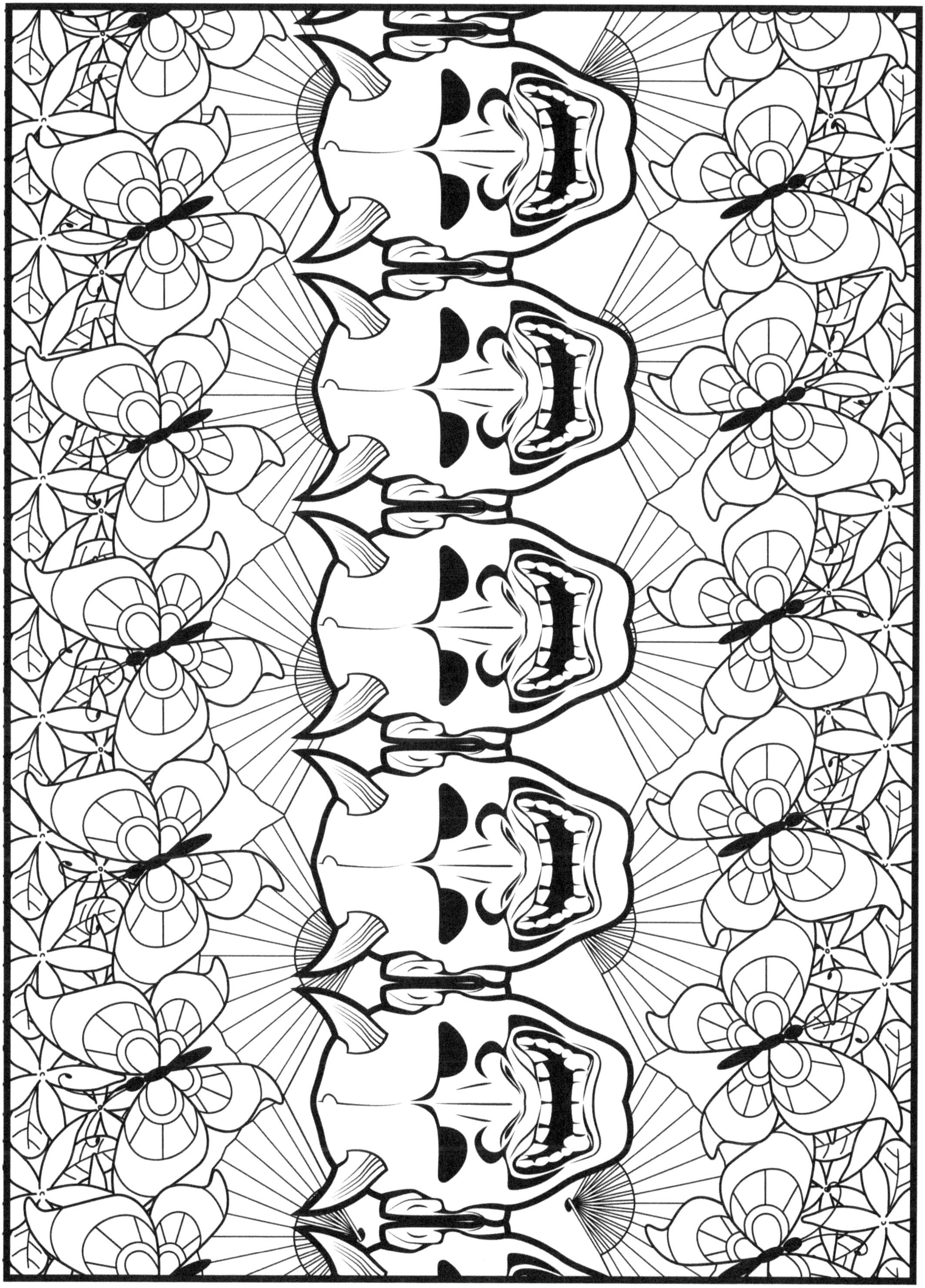

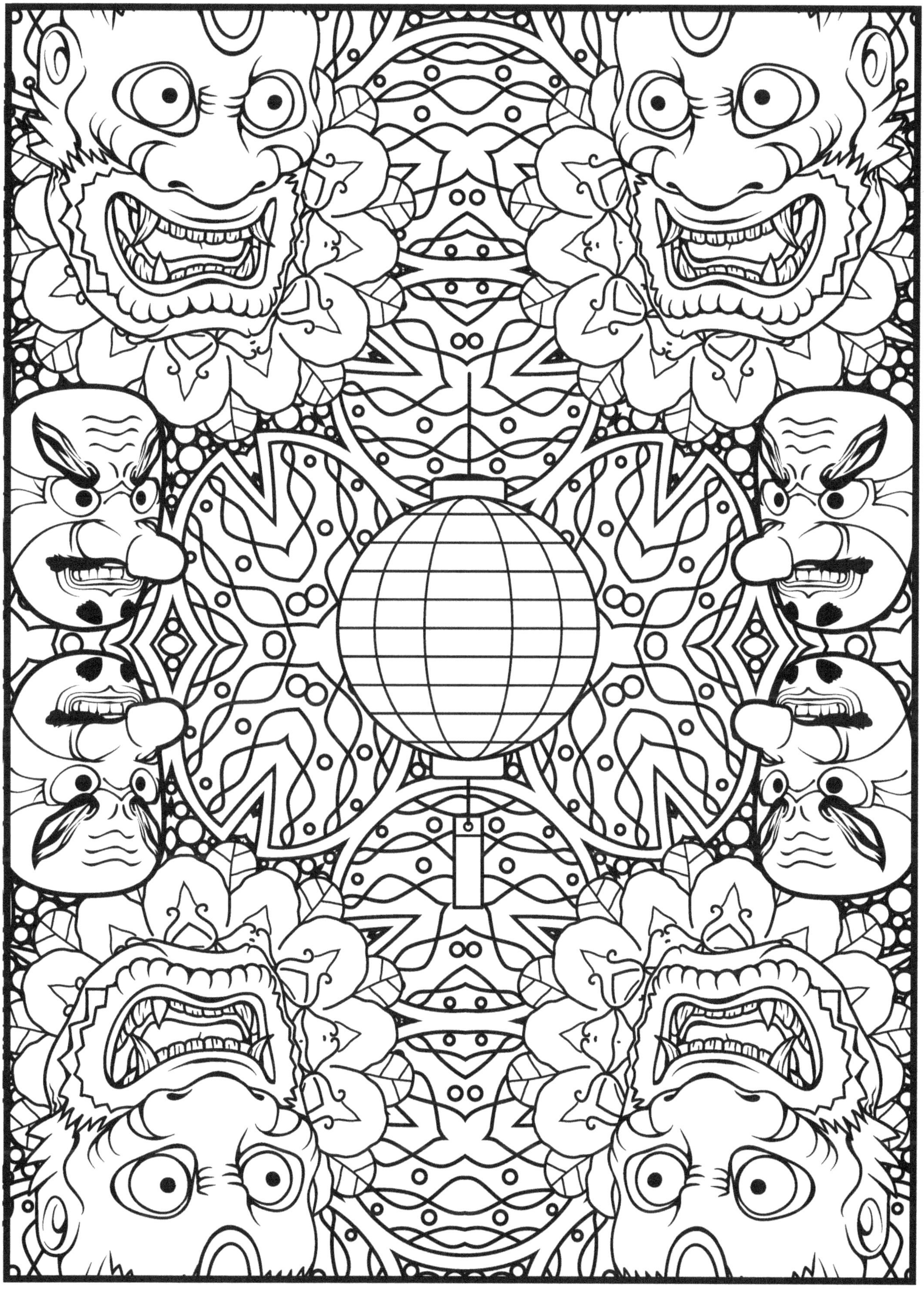

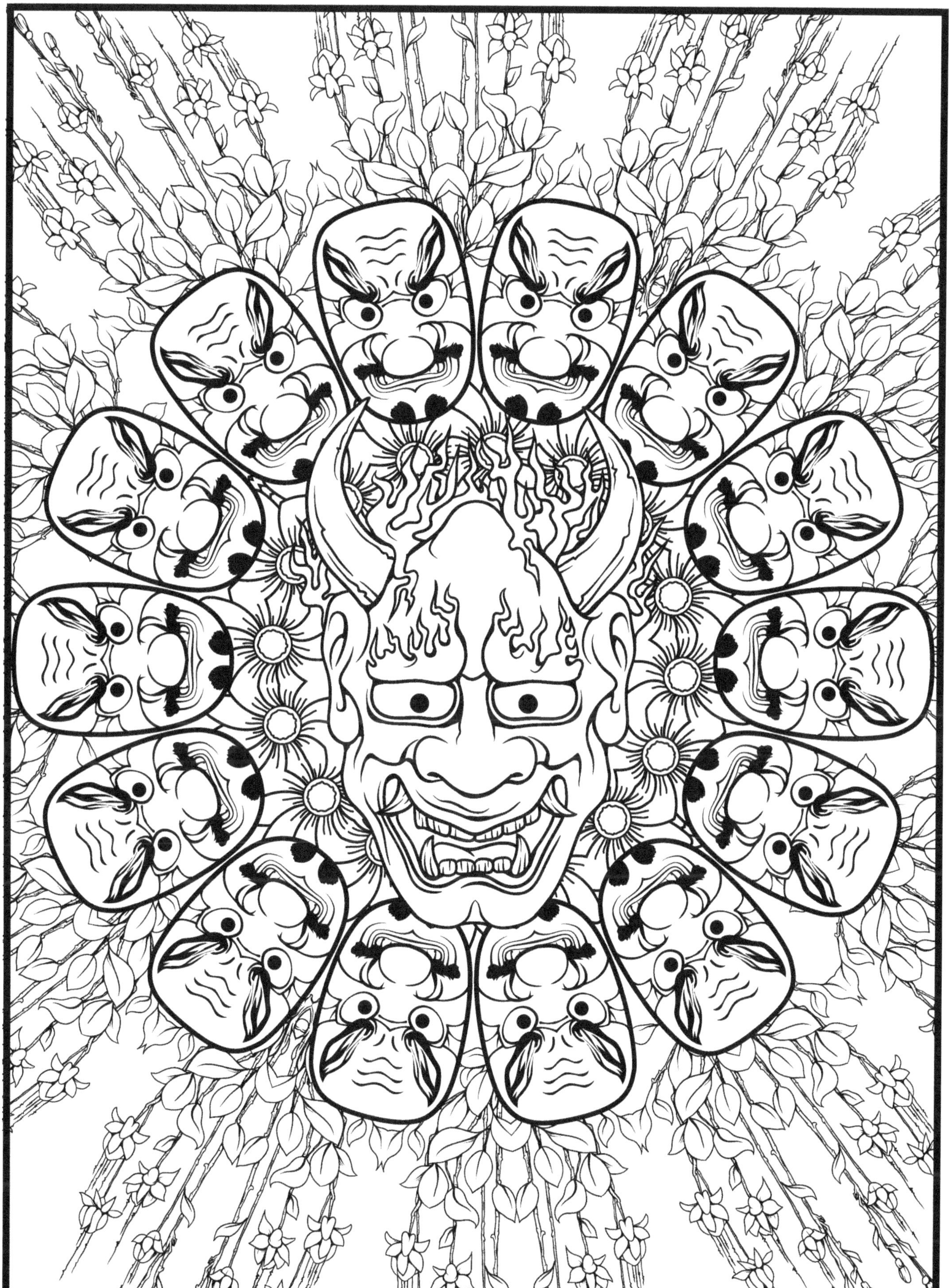

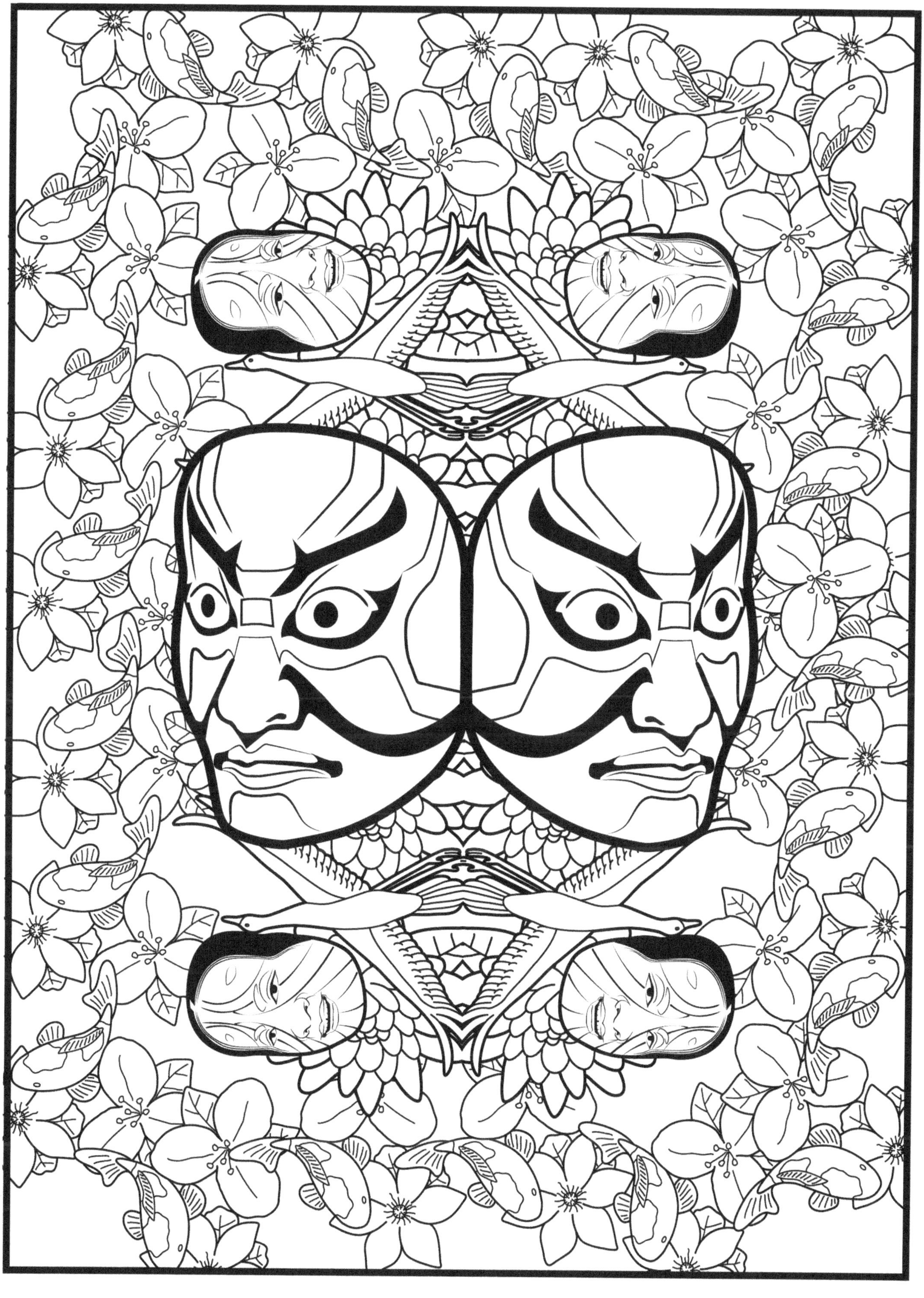

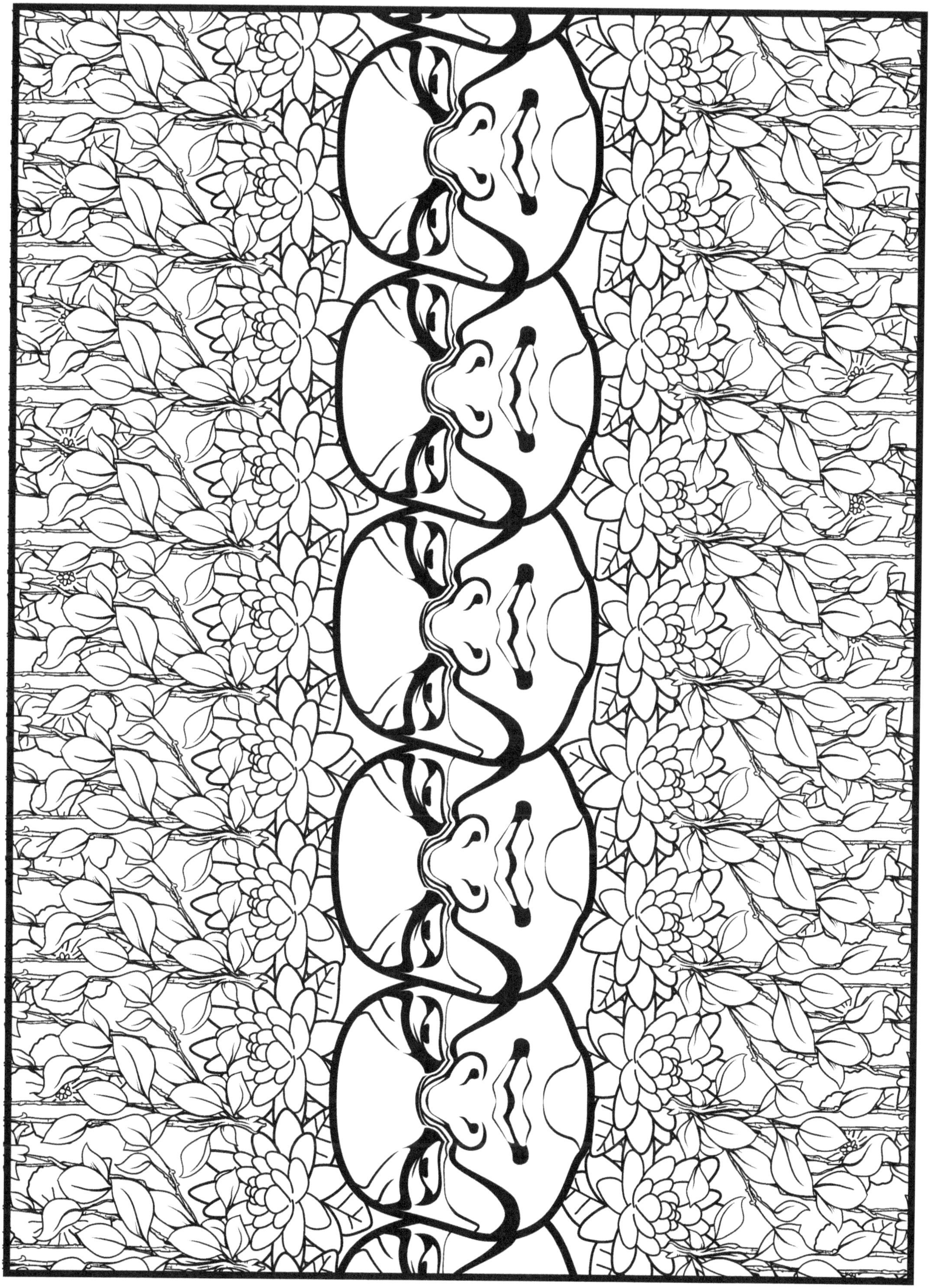

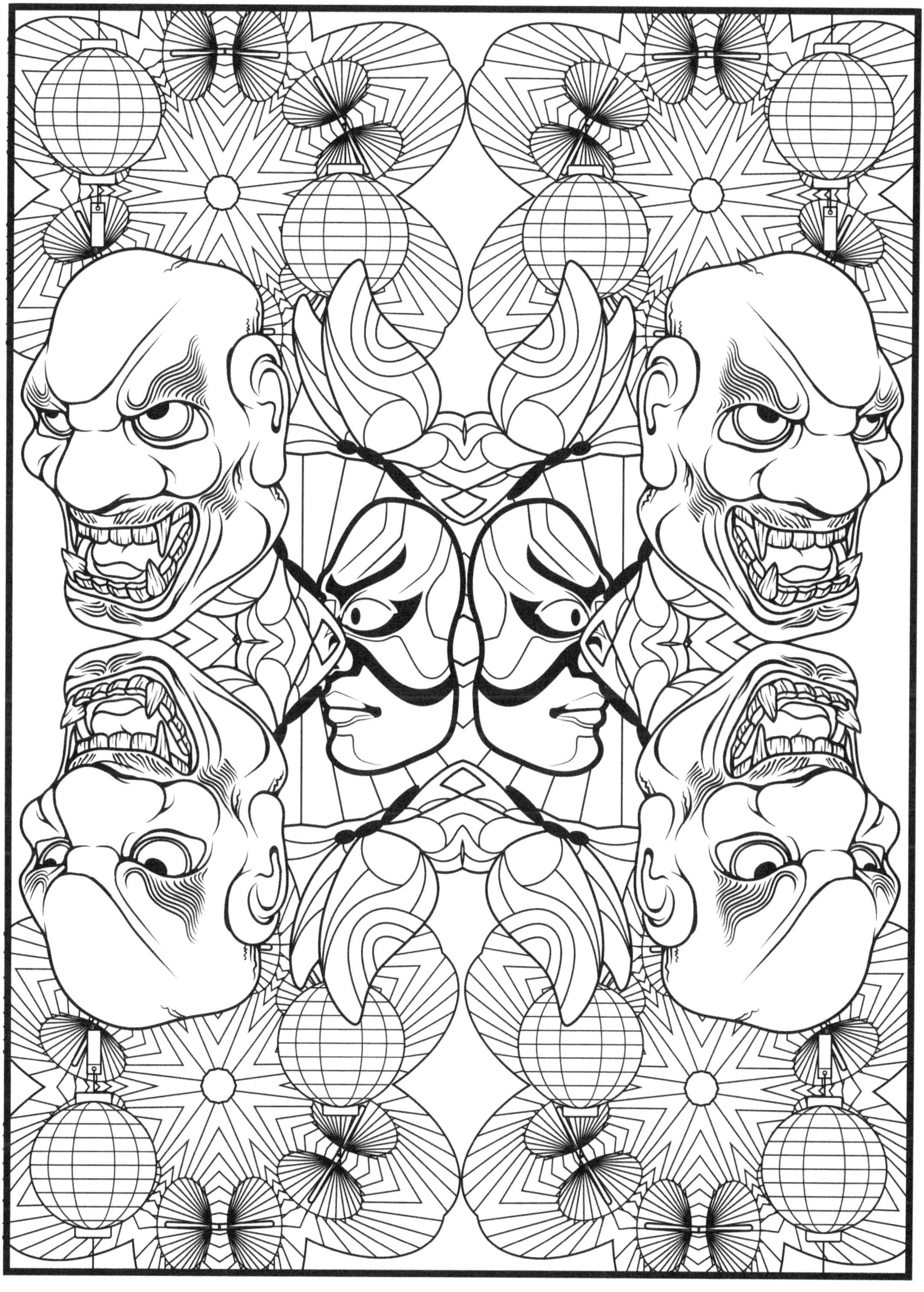

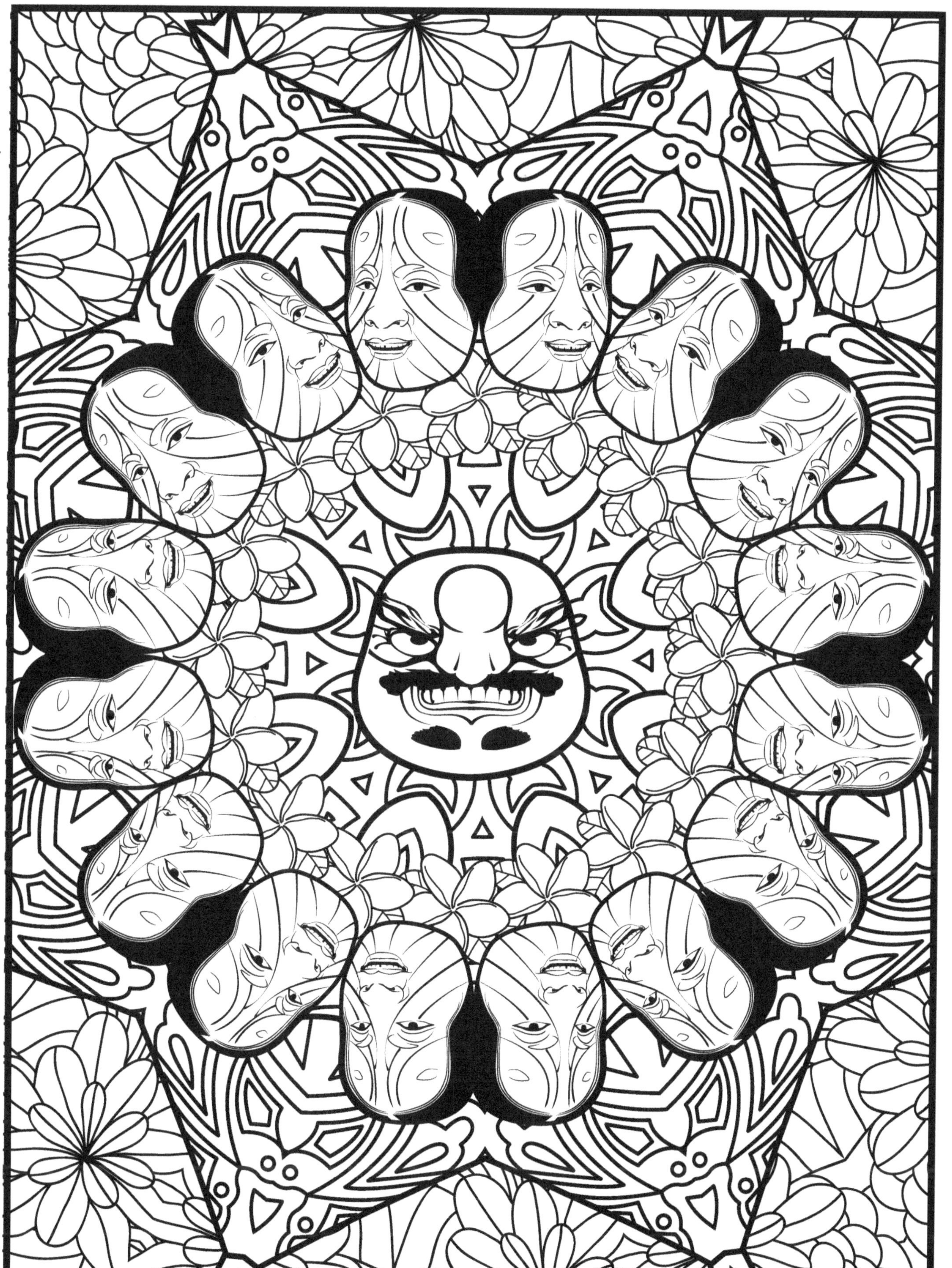

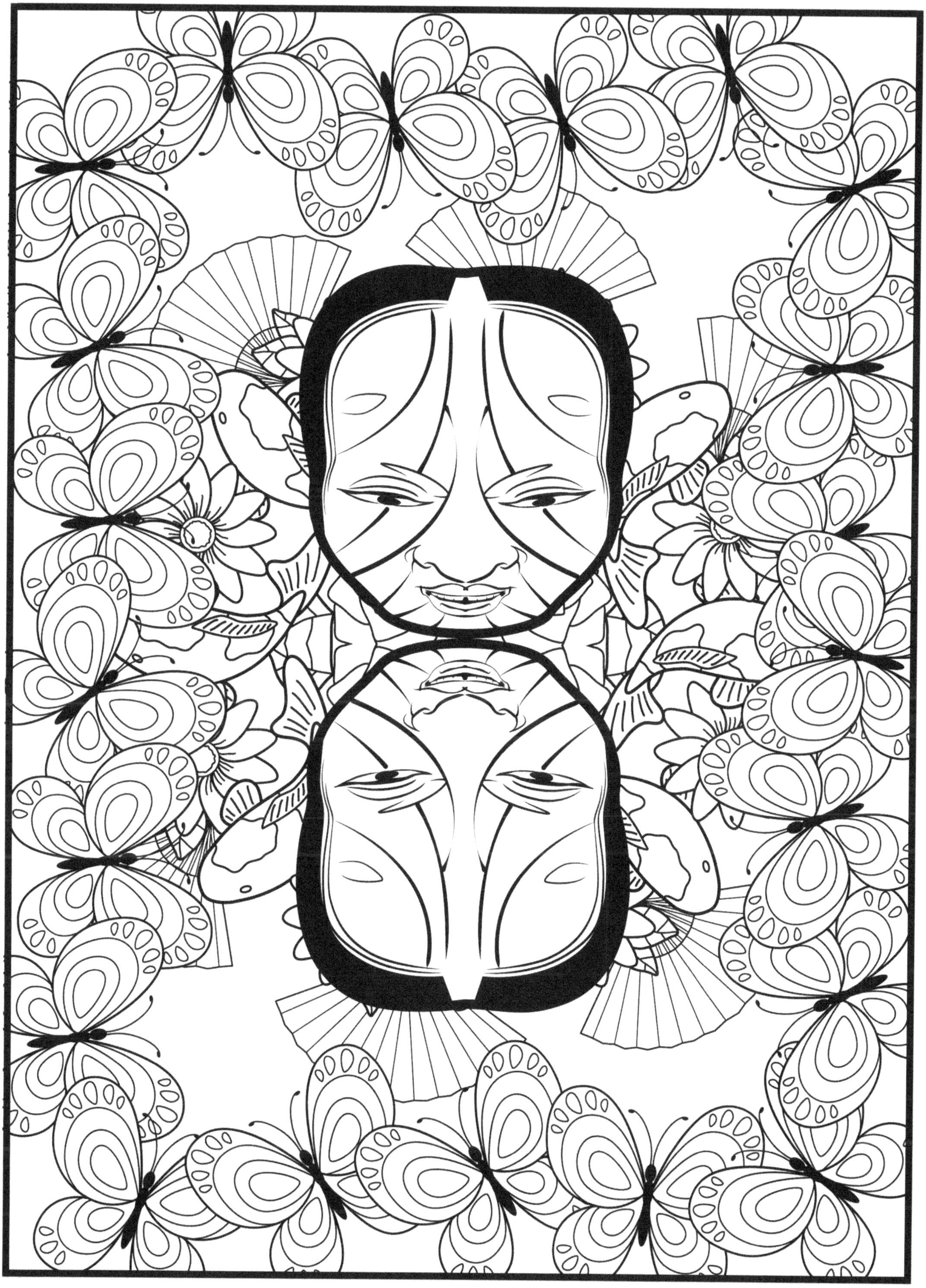

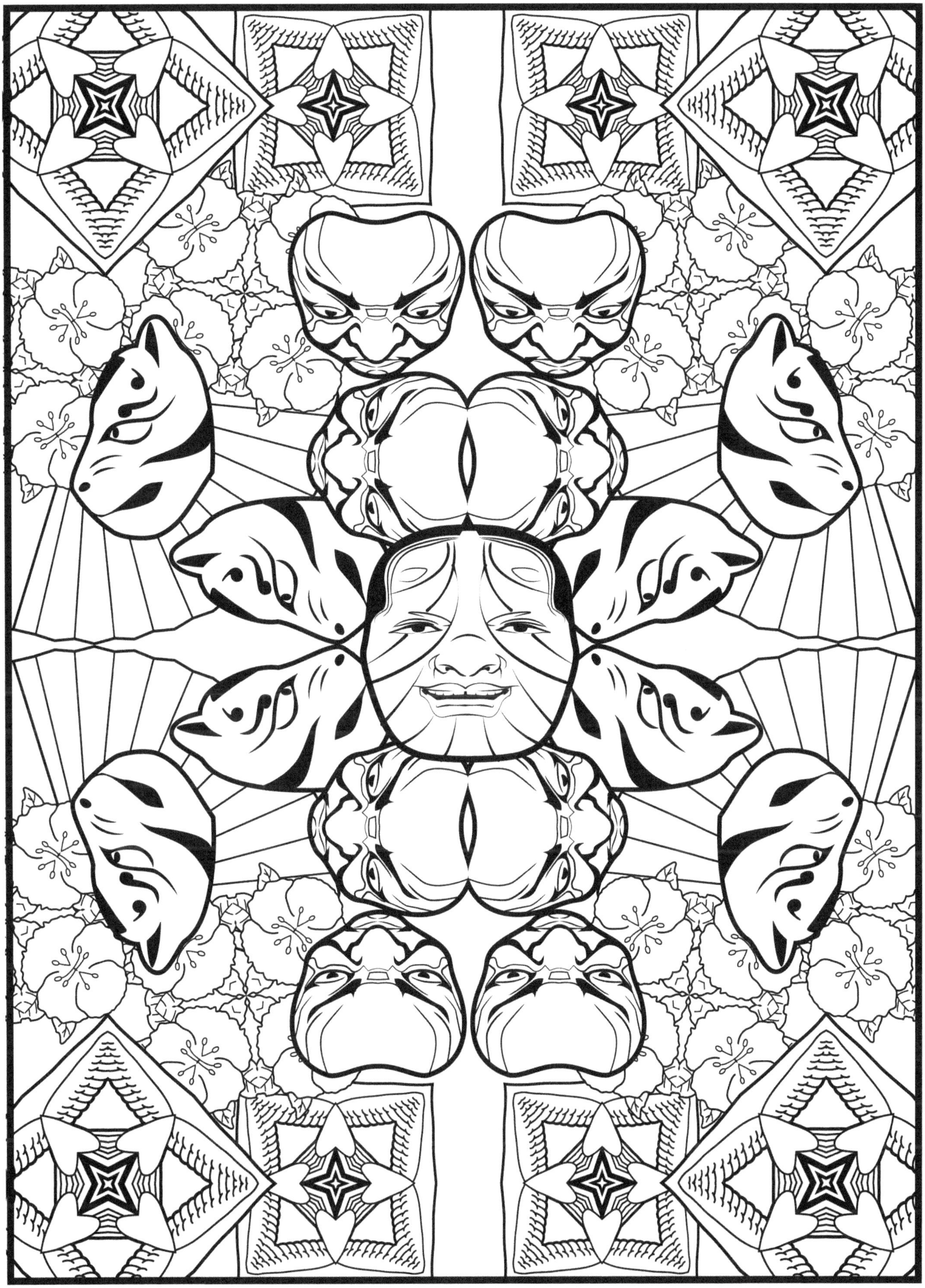

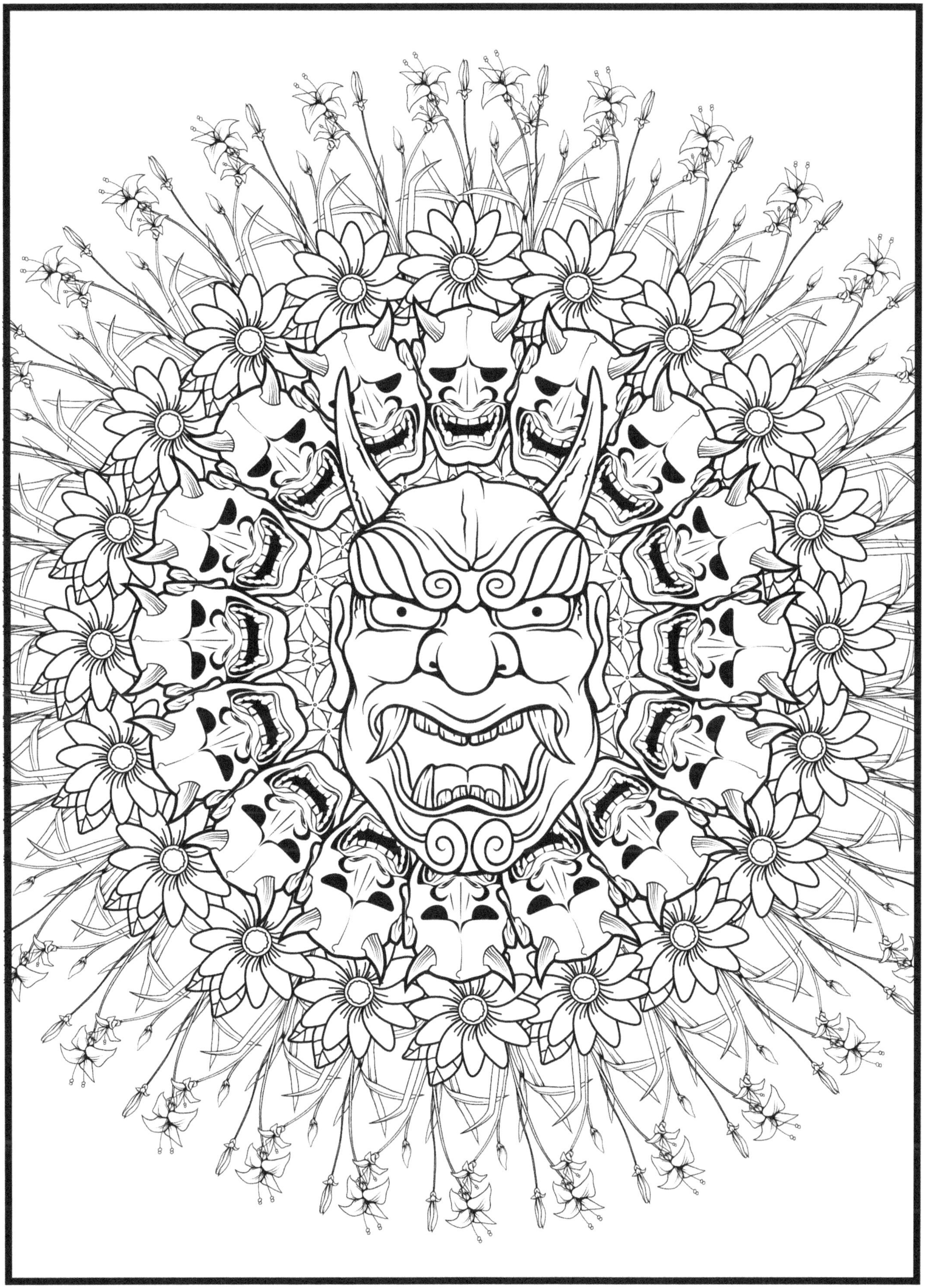

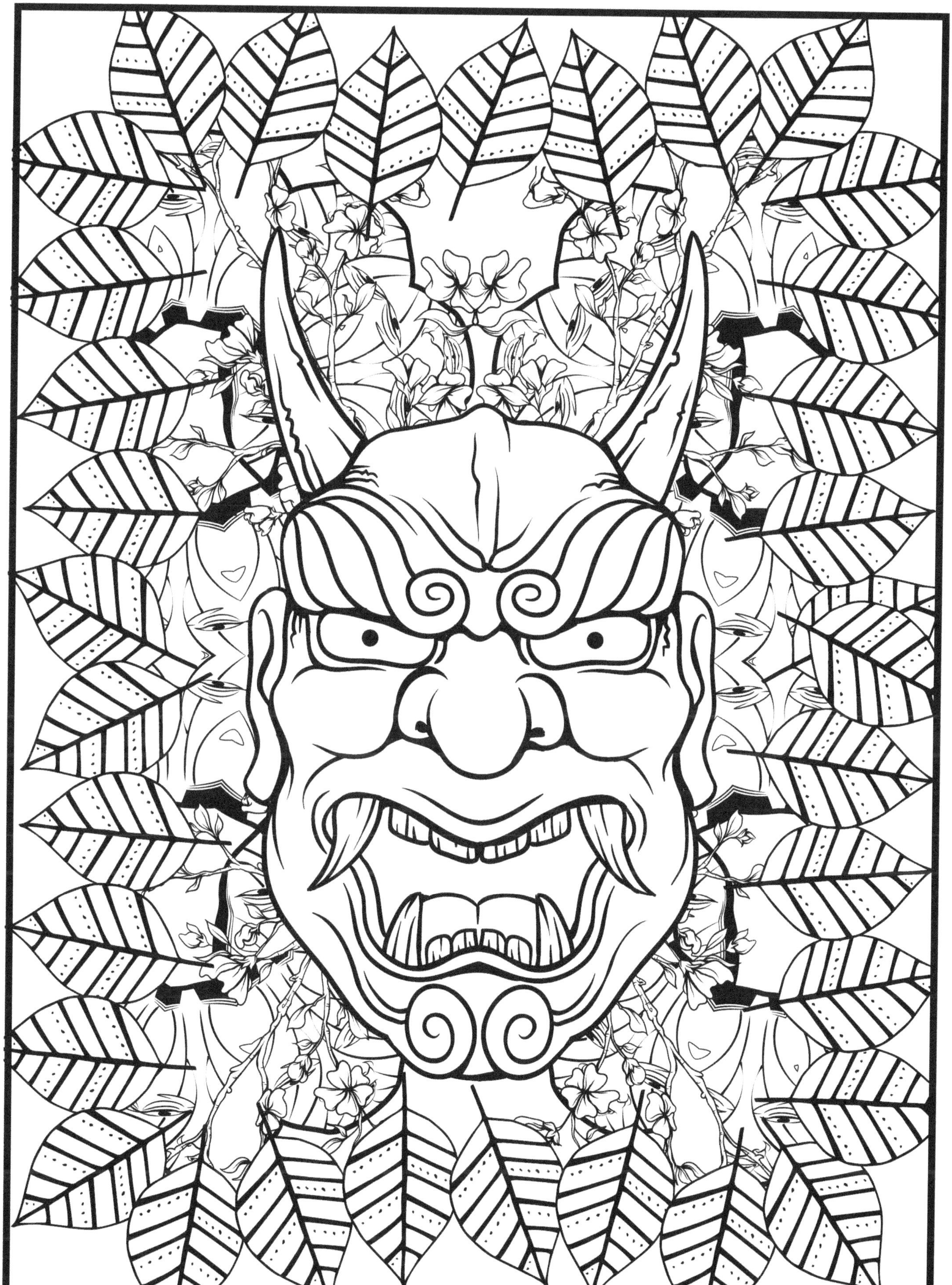

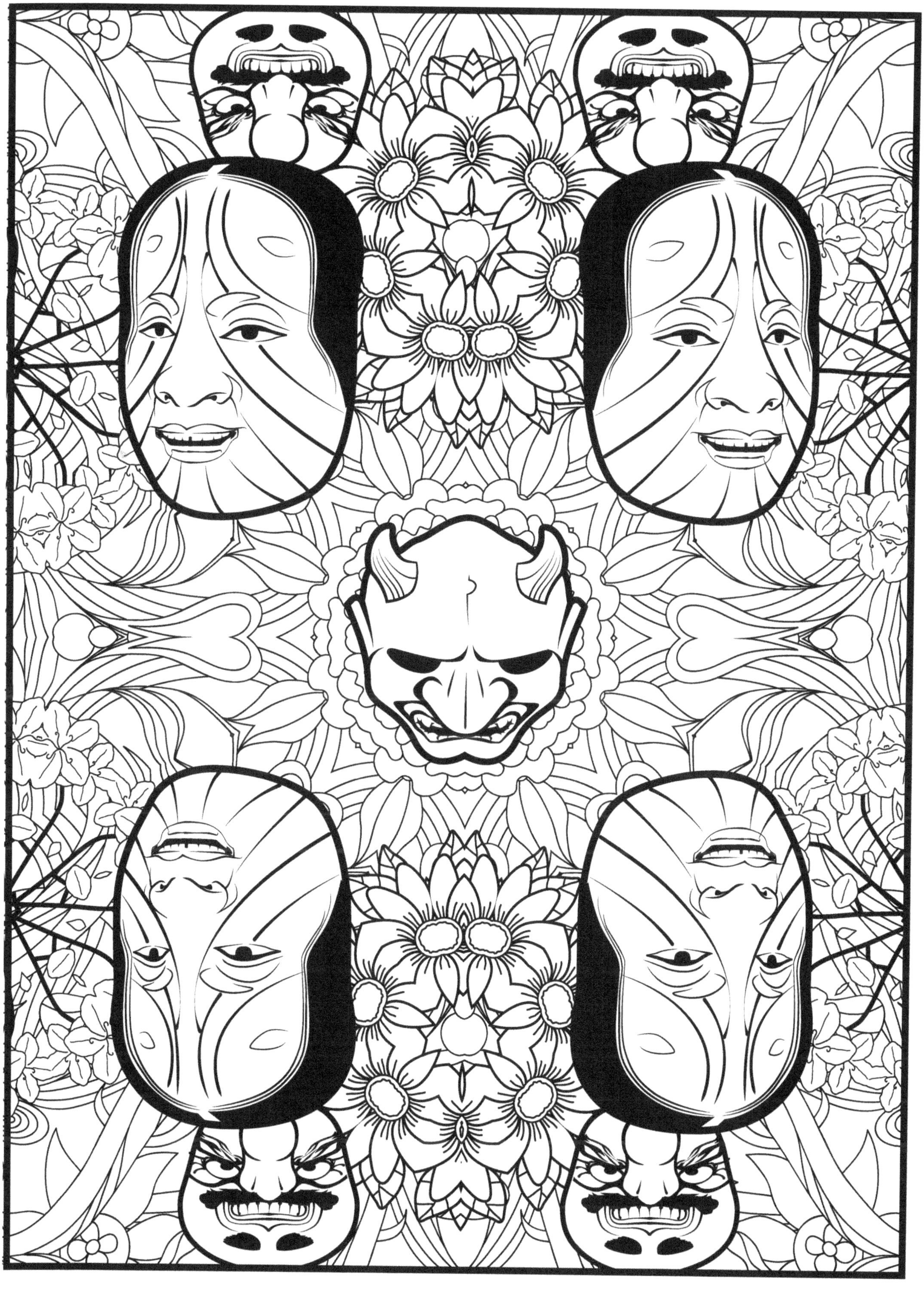

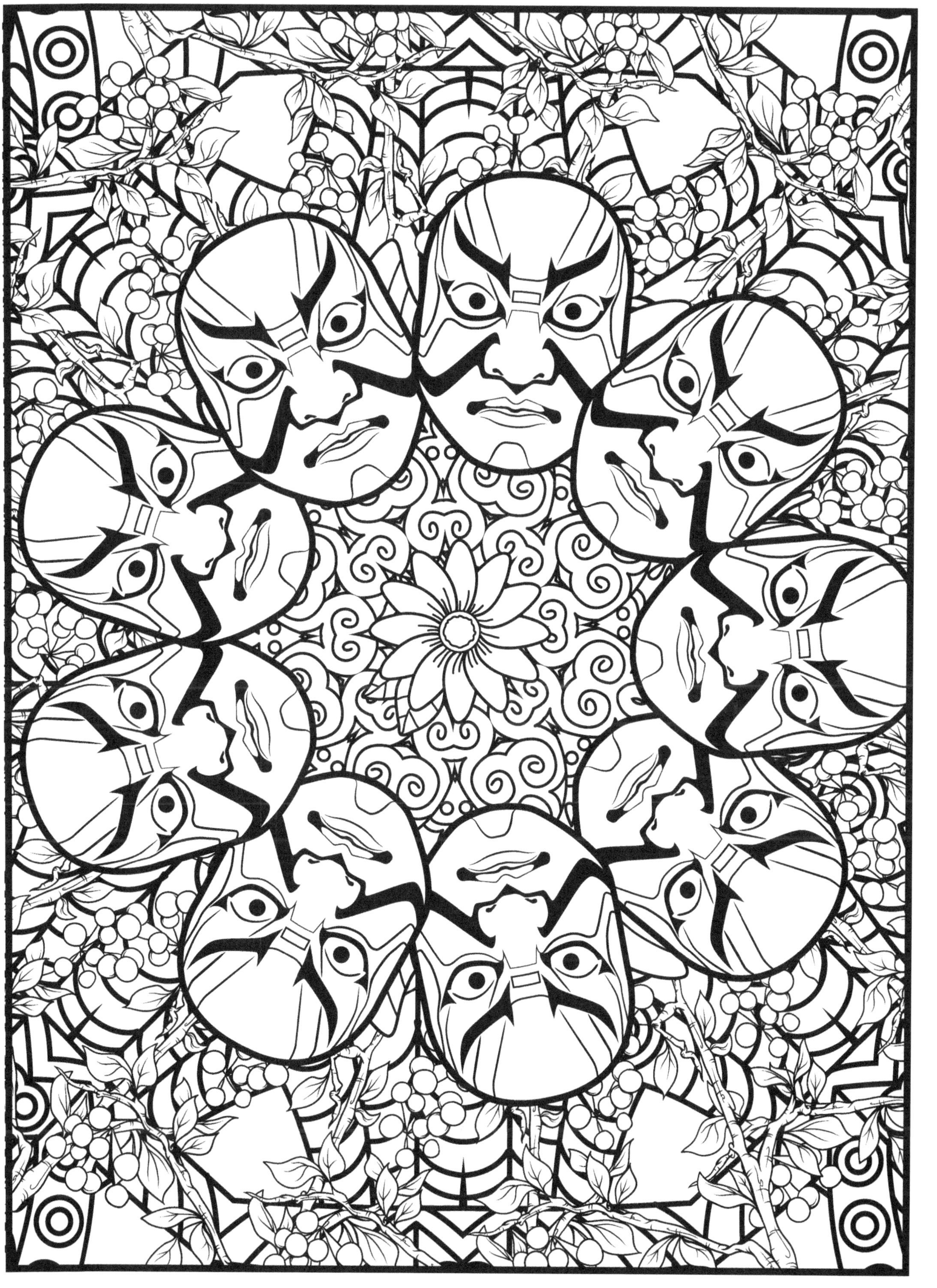

www.ingramcontent.com/pod-product-compliance
Lightning Source LLC
Chambersburg PA
CBHW080623190526
45169CB00009B/3274
* 9 7 8 1 5 3 0 9 5 3 0 5 9 *